日本文化财保护制度简编

国家文物局第一次全国可移动文物普查工作办公室　编译

文物出版社

图书在版编目（CIP）数据

日本文化财保护制度简编／国家文物局第一次全国可移动文物普查工作办公室编译；李黎，杜晓帆译．—北京：文物出版社，2016.7（2016.11 重印）

ISBN 978－7－5010－4632－4

Ⅰ．①日…　Ⅱ．①国…　②李…　③杜…　Ⅲ．①文化遗产—文物保护法—研究—日本
Ⅳ．①D931.321.6

中国版本图书馆 CIP 数据核字（2016）第 135094 号

日本文化财保护制度简编

编　　译：国家文物局第一次全国可移动文物普查工作办公室
译　　者：李　黎　杜晓帆
责任编辑：冯冬梅　曲　靖
封面设计：程星涛
责任印制：张　丽

出版发行：文物出版社
社　　址：北京市东直门内北小街 2 号楼
邮　　编：100007
网　　址：http：//www.wenwu.com
邮　　箱：web@wenwu.com
经　　销：新华书店
印　　刷：北京京都六环印刷厂
开　　本：787mm×1092mm　1/16
印　　张：11
版　　次：2016 年 7 月第 1 版
印　　次：2016 年 11 月第 2 次印刷
书　　号：ISBN 978－7－5010－4632－4
定　　价：76.00 元

前　言

文物普查是科学管理、有效保护和合理利用文化遗产的基础工作。新中国成立以来，一直将文物普查列入重大国家资源和国情国力调查范围。继50年代开始的三次全国范围内不可移动文物普查之后，2012年10月，国务院正式启动第一次全国可移动文物普查工作，旨在通过对国家机关、事业单位、国有企业、中国人民解放军和武警部队等四大类国有单位所收藏的可移动文物进行调查、认定和登录，全面掌握我国可移动文物资源，加强文物保护，建立文物登录管理体系，提供公共服务。特别是具有开创性的文物登录制度的初步建立，将成为由政府主导的一项长期性、机制化、标准化、动态化的文物基础工作，对建设文化遗产强国具有深远的战略意义。

欧洲及亚洲有些国家在文物登录制度等方面已先行尝试并积累了很多有益的经验。藉着第一次全国可移动文物普查工作的推动，研究国外的文物管理方式和实践经验，对比、借鉴、为我所用是非常行之有效的工作，有利于我国文物登录制度的建立与发展。鉴于此，第一次全国可移动文物普查实施工作中部署了对国外文物管理制度及其登录制度的调研项目，中国文化遗产研究院承担了日本、意大利两国相关制度的资料整理与编译工作。本书的两位编译者分别在日本的大阪大学、神户大学、奈良文化财研究所学习工作多年，对日本《文化财保护法》在文物保护和管理方面有深入的了解和认识。日本是较早开展文物保护的国家，“明治维新”使日本意识到文物对于维护民族传统和民族自立的重要性，并向西方国家学习了先进的现代文物保护管理经验，开始制订文物保护法律，建立文物保护机构。日本的文物管理方式是文物的指定制度和登录制度，这种制度建立的基础是大规模的文物普查。

目前，世界文化遗产保护正在逐渐走向国际交流、合作与创新的新格局，但文物自身和文物资源环境又彰显着独特的民族性。我国有自己的国情和反映我们国家及民族文明传统的文物资源，本书希望通过借鉴国外文物保护政策、理论和实践经验，对建立适合我国国情和文物特点的文物普查登录制度有所裨益，使我们的文物保护管理工作在“大数据时代”有一个崭新的面貌。

目　录

第一章　日本《文化财保护法》概述

第一节　文化财保护的发展历程

（一）什么是文化财

1. 文化财的含义

文化财是在日本社会漫长的历史中产生、孕育，并守护、传承至今的国民的宝贵财产。文化财对于理解日本的历史、传统、文化等，是非常宝贵的财产，同时也是促进未来文化发展的基础。因此，妥善地保存、利用文化财极为重要。

"文化财"一词，是在第二次世界大战后，日本建立现行《文化财保护法》的过程中产生的，其后在日本成为了广泛使用的普通词汇。在第二次世界大战之前，文化财被分为国宝、重要美术工艺品、史迹名胜、天然纪念物等几大类型，并各有其所对应的法律，为了将这些法律统一归入到《文化财保护法》中，"文化财"这个概念就此诞生。

2. 现行《文化财保护法》中对文化财的定义

现行的《文化财保护法》在第一章第2条中将文化财分为6类并分别进行了定义，这6个类别为：有形文化财、无形文化财、民俗文化财、纪念物、文化景观、传统建筑物群。

有形文化财是指建筑物、绘画、雕刻、工艺品、书法作品、典籍、古文书以及其他有形文化所产生的，在日本历史或艺术方面具有较高价值的文化载体（包括与本体有关的部分以及对其价值形成具有意义的土地及其他部分）以及考古资料和其他具有较高学术价值的历史资料。

无形文化财是指戏剧、音乐、工艺技术以及其他无形文化所产生的，对于日本来说具有很高的历史或是艺术价值的文化载体。

民俗文化财是指关于衣食住行、生产、信仰、节日等反应风俗习惯、民俗艺能等方面的活动，以及这些活动所使用的服装、器具、房屋等，对于认识日本国民生活的承袭和发展不可欠缺的文化载体。

纪念物是指对日本来说具有很高历史或是学术价值的文化载体的史迹（贝冢、古坟、古城遗迹、故居等），对日本来说具有很高艺术或是观赏价值的文化载体的名胜（庭院、桥梁、峡谷、海滨、山岳等），以及对日本来说具有很高的学术价值的文化载体的动物（包括栖息地、繁殖地以及越冬地）、植物（包括自然生长地）和地质矿物（包括产生特异的自然现象的土地）。

文化景观是指随着各地区人们的生产生活以及该地区的风土人情等所形成的，对于理解日本国民的生活或是生产生活是不可欠缺的景观地。

传统建筑物群是指与周围的环境融为一体，形成历史性风景名胜并具有较高价值的传统建筑物群。

另外，除了文化财之外，《文化财保护法》的保护对象还包括埋藏文化财和文化财保存技术。

（二）《文化财保护法》的发展历史

1. 明治之后《文化财保护法》的发展历史

（1）在文化财的危机中建立的保护制度

日本文化财保护制度是在明治之后随着近代国家的成立和发展，经历了几个时代的积淀而形成的，虽然如此，其主要制度却是在文化财的保存处于危机四伏的背景下建立的。由于明治维新后的欧化主义以及废佛弃释风潮的兴起，寺院处于风雨飘摇中，传世文化财出现了危机；随着从明治末期到大正时期的近代化进展，国土的开发和工业化的发展，使纪念物文化财处于被破坏的危机；昭和时代初期由于严重的经济不振，一些大名等古老家族收藏的文化财失传或流出；第二次世界大战后由于社会经济的混乱，文化财亦出现遗失或散失；昭和四十年（1965 年）以后，随着经济的增长而进行的开发和急剧的社会生活变化，也造成了对文化财的破坏等等，这些都构成了建立文化财保护制度的背景。

以下概述明治以后，在这样的时代背景中建立文化财保护制度的发展历史。

（2）从明治初期的措施到构建法律制度

A. 公布《古器旧物保存方》

在明治维新后的欧化主义、废佛弃释的浪潮中，日本的传统文化随之被轻视，寺院也日渐被冷落，以寺院的财宝、建筑物为主的大部分文化财面临着遗失、毁坏的危机。在这样的情况下，明治四年，当时的政府发表了《古器旧物保存方》的太政官布告，向全国通告应有保护传世古器旧物的共识，并将古器旧物分为 31 个门类，各个地方政府根据需要，将包括在 31 个门类里的对象种类分别列举出了实例。这个分类也成为了以后时代博物馆展品的分类标准。这个就是日本最初向收藏者进行的教育，是力求普及文化财思想的政策。

B. 支付古社寺保存金

在江户后期的天保十三年（1842 年），法隆寺以保护修复伽蓝的费用为目的，进行了第二次江户展品公开展示，但是其结果是以负收入而收场，没能达到目的。在元禄七年（1694 年）的江户展品公开展示中，总共得到了 246 两的收入，并以此对元禄的伽蓝进行了大修复，但是，修复的结果与预期大相径庭。法隆寺在明治九年（1876 年）11 月向政府提交了献纳古器物的报告书，明治十一年（1878 年）2 月宫内省受理了请求。此外，在明治八、九年（1876、1877 年）于奈良博览会上展出的宝物，于明治十一年（1878 年）的 3 月作为皇室御用物被正仓院收藏，随后于明治十五年（1882 年）12 月被移交给了同年 3 月在东京上野动物园开馆的博物馆。由于这次的献纳，明治政府下发了一万日元的报酬，法隆寺也达到了防止文化财遗失和确保部分修复伽蓝费用的目的。

从法隆寺这样的例子我们可以看到，明治维新前后神社寺院经济捉襟见肘的状况有多严重，伽蓝荒芜，宝物类也处于向外流出、遗失的状态。于是，政府从明治十三年（1880 年）左右到明治二十七年（1894 年）历经大约 15 年的时间，用其公积金的利息，向全国 539 家神社寺院给付了总额 12.1 万日元的拨款，充当维护修复神社寺院建筑物的费用。

C. 设置临时全国宝物取调局

明治十一年（1878 年），东京大学聘请美国教师费诺罗萨对日本古代的美术工艺品进行了收集和调查，并担负起了鉴赏古代美术工艺品教育的重担。这位教师和师从于他的冈仓天心等人于明治十七年（1884 年）接到调查京都大阪古寺院的命令，便立即开始了调查工作，在此前后冈仓天心等人也极力主张保存日本美术工艺品的必要性。在这样的趋势下，宫内省于明治二十一年（1888 年）设置了临时全国宝物取调局，九鬼隆一为负责人，冈仓天心等人为主要工作人员，经过十年的努力，调查了全国主要古寺院的宝物。详细的调查结果是：古文书 1.7 万件以上；绘画 7.4 万多件；雕刻 4.6 万多件；工艺品 5.7 万多件；书法作品 1.8 万多件，共计 21.5 万多件，其中大约 1.5 万件作为珍贵作品被颁发了审查证书，或是登录在了参考簿上。

通过这次调查，发现在京都、奈良的寺院中具有很多特别珍贵的物品，并且正处于毁损、遗失的危险境地，需要建立保存设施的迫切性到了让人大声疾呼的程度。在这种情况下，宫内省在明治二十二年（1889 年）5 月将东京的图书寮附属博物馆改为帝国博物馆，并与此同时决定在京都和奈良也都建立帝国博物馆，奈良帝国博物馆于明治二十八年（1895 年）开馆，京都帝国博物馆于明治三十年（1897 年）开馆。

（3）制定《古社寺保存法》（明治三十年（1897 年））

经过了明治二十七、二十八年（1894、1895 年）的甲午中日战争，日本国人的民族意识普遍高涨，在此之前执行的古社寺保存措施，也得到了更好的贯彻实行。在此基础上，明治三十年（1897 年）制定了《古社寺保存法》。该法律规定，没有能力维护、修复建筑物和宝物的古社寺必须提交申请保存金的申请书；地方官员有指挥监督古社寺修复建筑物和宝物的权利；内务部长可以将古社寺的建筑物以及宝物类中具有特别历史标志或是可以成为美术工艺品典范的物件指定为特别保护建筑物或国宝。特别保护建筑物或是国宝禁止处置、扣押，除了赋予祭司或是住持监守的义务之外，还规定了国宝在官办或是公办博物馆的展出义务以及对于弃释、隐匿、处置等行为的刑罚和其他的刑罚。

《古社寺保存法》的制度虽然将其保存对象仅限制在与神社寺院相关的物件中，但是这部法律是第一次将国家指定重要文化财以及有关被指定文化财的管理、保护、公开的制约作为法律制度做了规定，并规定了国家推动保存重要文化财的法律，因此可以说这部法律是日本文化财保护制度的雏形。该法律由内务省进行管理，在此之前分别由宫内省和内务省执行的文化财保护政务统一归属于内务省。

（4）制定《史迹名胜天然纪念物保存法》（大正八年（1919 年））

在甲午中日战争和日俄战争后，日本的近代化飞速发展，但是在明治末期的明治四十四年（1911 年），贵族院提出了《有关史迹以及天然纪念物的保存建议》。其理由是，由于国家局势的发展、土地的开拓、道路新增、工厂建设以及其他人为的原因，史迹以及天然纪念物每时每刻都在遭到破坏，对于传承下来的美术工艺品等，虽然通过《古社寺保存法》取得了保存途径，但是在这样的背景下，这样的保存途径显然是苍白无力，因此建议采取由国家进行保存的策略。政府按照这个建议开始进行准备，于大正八年（1919 年）建立了《史迹名胜天然纪念物保存法》并开始实施。

该法律由六条条款组成，是非常简单的法律，但是规定了由内务部长指定适用该法律的史迹名胜天然纪念物，在指定前根据需要可以由地方官员进行临时指定；变更史迹名胜天然纪念物现状或是影响其保存的行为必须经过地方官员的批准；内务部长对与保存史迹名胜天然纪念物相关区域具有下达禁止或是限制一定行为的命令，以及建立必要设施的权利；内务部长可以指定地方政府管理史迹名胜天然纪念物等。与此同时，还对违反变更现状等行为设置了处罚条款。

根据这部法律，从大正九年（1920 年）开始到被《文化财保护法》接管这段时间，共指定了 1580 件物件。此外，有关这部法律的监管执行于昭和三年（1928 年）12 月移交给了文部省，主管部长为文部大臣。

（5）《国宝保存法》的制定（昭和四年（1929 年））

昭和初年，在日本遇到了严重经济危机的情况下，各界名人所收藏的国宝级藏品屡有遗失。另外，旧幕府体制坍塌后一直搁置的城郭建筑等建筑物也处于亟待修复的状况，保护《古社寺保存法》中规定的对象之外的文化财的迫切性也日益增强。

为了应对这种状况，《国宝保存法》于昭和四年（1929 年）制定，同时废除了《古社寺保存法》。《国宝保存法》规定建筑物、宝物以及其他的物件中，具有特别历史标注意义或是可以作为美术工艺品典范的物件，可以由主管部长指定为国宝；根据《古社寺保存法》被指定为特别保护建筑物者，或是根据《国宝保存法》被指定为国宝者，视为被指定物件。

该法律于昭和四年（1929 年）开始实施之后，姬路城、名古屋城等城郭建筑和神社寺院建筑，以及相关美术工艺品等也都尽快给予了指定。

该法律规定禁止国宝出口或是转移到国外，只限于主管部长批准之后方可解除禁令。另外规定，变更国宝的现状也必须经主管部长的批准。这些需要批准的事项，主管部长必须向国宝保存委员会进行必要事项的咨询。在该法律中继续保留了在《古社寺保存法》中规定的神社寺院有将国宝送到官办或是公办的博物馆进行陈列的义务，规定国宝的持有人有将国宝送到皇室、官办或是公办博物馆、美术馆陈列一年进行展出的义务。

根据《古社寺保存法》的规定，除了得到内务部长的批准在公开展览场所展出之外，禁止处置或是扣押特别保护建筑物以及国宝。这个规定在《国宝保存法》中继续沿用，同时对于属于神社以及寺院的国宝，禁止处置以及用于提供担保、扣押。虽然在经过主管部长的批准后可以进行处置或用于提供担保，但在没有得到批准时进行这些行为则被视为无效。这样的规定只限于神社或是寺院持有的国宝，对于其他的国宝，该法律只是规定了其持有者在变更其现状时有需要提交变更申请的义务。

神社或是寺院在难以维修国宝时，国家可以提供维修补助费，另外在有特殊需要时，对于神社或寺院之外者持有的国宝，也可以支付补助费。法定每年的补助费为 15 万日元到 20 万日元，有特殊情况时，可以另行根据预算给予支付补助费用。

对于未经批准出口或是移出、损坏、毁弃、藏匿国宝者，处以 5 年以下的刑期或是执行禁锢、赔偿、罚款的刑事处罚，对于未经许可变更现状或是违反所有者变更申请义务者，处以罚款。

（6）制定《关于保存重要美术工艺品等的法律》（昭和八年（1933 年））

昭和四年（1929 年）开始实施的《国宝保存法》，禁止将国家指定的国宝出口到国外或是移出本土之外的地方，防止了国宝向国外的流出。主管这一政务的文部省根据新法推进了国宝的指定工作，但是未经指定的物件却在不断地流向国外。昭和七年（1932 年）发生的国宝遗失国外的事件，即原本与《伴大纳言绘卷》一起秘藏在若狭国新八幡宫，至大正十二年（1923 年）传到酒井家的《吉备部长入唐绘卷》（4 卷）被波士顿美术馆买走后流失到了国外的事件，便是一个典型案例。以此事件为契机，国人强烈意识到了防止未指定重要物件向国外流失的必要性，于是便于昭和八年

（1933 年），制定了《关于保存重要美术工艺品等的法律》。当时的社会背景是日本民众具有强烈的国家意识，因而所激发起的公众舆论，也对制定这部法律有很大的影响。

这部法律包括处罚规则只有 5 项条款，是一部简单的法律。根据这部法律的规定，除了现在在世者制作的物件、制作后未经过 50 年的物件以及进口后没经过 1 年的物件之外，被认为在历史上或是美术史上具有特别高价值的未指定物件的出口或是移出必须要经过主管部长的批准。需要经过批准的物件由主管部长认定，后公布在官报上并通知持有者。

这部法律于昭和八年（1933 年）4 月开始实施，在当年认定了 1022 件物件，之后直到昭和二十五年（1950 年），随着《文化财保护法》的制定与实施而废除这部法律时，业已认定了 7983 件美术工艺品、299 件建筑物，共计 8282 件。根据《文化财保护法》附则的过渡措施的规定，《关于保存重要美术工艺品等的法律》对重要美术工艺品等必须经过批准方能出口或是移出的物件的认定，在此期间仍然是有效的。

2.《文化财保护法》制定之后的历史

（1）《文化财保护法》的制定（昭和二十五年（1950 年））——创建无形文化财、埋藏文化财保护制度和两个阶段的指定制度

在第二次世界大战时，日本政府于昭和十八年（1943 年）12 月停止了对文化财的指定等事务，还被迫无奈地停止了文化财保护的政务。在战争刚刚结束的昭和二十年（1945 年）10 月，日本政府就又重新恢复了文化财的指定、认定工作，并对于在战后混乱中预计很有可能流向国外的物件进行了紧急认定。但是，由于战后经济的疲软和混乱，再加上农地的改革以及废除华族制度等社会性变革和由于战败导致的价值观的急剧变化等，文化财的遗失以及流向国外的危机状况一直在持续着。在这样的形势下，昭和二十四年（1949 年）法隆寺金堂又发生了火灾，壁画被毁之殆尽。以这次事件为契机，以参议院文部委员作家山本有三议员为首讨论的新立法进入了正式的研讨，昭和二十五年（1950 年）议员立法通过，制定了《文化财保护法》，于同年 8 月开始实施。

A. 创建无形文化财保护制度

新制定的《文化财保护法》是将之前《国宝保存法》规定的保护对象——在历史上、美术上有很高价值的建筑物和宝物等，以及《史迹名胜天然纪念物保存法》规定的保护对象——史迹名胜天然纪念物都包含在“文化财”的概念中，并置于统一的保护法制下，同时又将在历史上或是艺术上有很高价值的无形文化作为“无形文化财”，列入了保护对象中。但是关于无形文化财的保护，仅限于国家对其采取补助措施，没有建立指定制度。另外，该法律还将埋在土地中的埋藏文化财也列入了法律保护对象。

B. 创建埋藏文化财保护制度

关于埋藏文化财，明治三十二年（1899 年）制定的《遗失物法》规定了对埋藏文

化财的处理方法，并在内务省的指令及行政指导下有所实施，但是在新法中规定必须通过法律对其进行处理。对于因需要对埋藏文化财进行学术调查而开展的发掘，规定必须事先向国家提出申报。文化财保护委员会对于提交的有关发掘申报有权作出禁止、中止命令以及给予必要的指示。

C. 创建两个阶段的指定制定

《文化财保护法》规定的指定制度作为相当于之前的指定国宝以及史迹名胜天然纪念物的制度，是国家指定制度，在这个制度中规定了将有形文化财中重要的指定为重要文化财；将纪念物中重要的指定为史迹、名胜或是天然纪念物，沿用了之前的指定制度。随着新法的制定实施，之前的两部法律被废除，但同时在其过渡措施中规定，国家根据之前的两部法律进行的指定，被视为根据新法的指定。另外，由于在此之前需要指定物件的不断增加，很难采取充分的保护措施，因此采取了重点保护措施，实行了两个阶段的指定制度，将国家指定的重要文化财以及史迹名胜天然纪念物中特别重要的指定为国宝以及特别史迹、特别名胜和特别天然纪念物。

D. 加强、完善相关规定

在新法中对于重要文化财，除了旧法中规定的变更现状的许可制之外，还规定通过持有者之外者进行公开展示时必须得到国家的许可；对于变更国家指定的史迹名胜天然纪念物的现状以及影响其保存的行为，将必须得到地方官员的许可更改为必须得到国家的许可；将指定管理团体扩大到了地方政府之外的法人；对于重要文化财和史迹名胜天然纪念物的管理，以及国宝和特别史迹名胜天然纪念物的修复复旧，规定了国家的命令或是建议的权限，同时规定对于重要文化财国家有优先购买权等。该法律在整体上力求达到完善对国家指定文化财的规定和加强对国家指定文化财的保护等。

E. 对财产权的尊重

《文化财保护法》在第 4 条第 2 款中还告诫：“文化财的持有者以及其他有关人员应认识到文化财是珍贵的国民财产，应为了公共利益进行珍惜保存，与此同时，应该尽可能地进行公开展示等，努力做到灵活运用”，同时在该条的第 3 款中告诫：“国家以及地方政府在执行本法律时，必须尊重有关持有者的所有权以及其他财产权”。该法律根据文化财的公共性质，将财产权的固有局限性作为依据，赋予了持有人等各种制约、义务，但另一方面，考虑到在其他新宪法下被保障的国民财产权，制定了凡是由国家进行的公开展示调查、由国家进行的特别史迹名胜天然纪念物的修复以及由国家进行的对指定纪念物的调查等危及受害者时，给予受害者损坏补偿的制度。另外，与重要文化财以及史迹名胜天然纪念物的环境保护有关的限制、禁止、命令以及与重要文化财的公开相关的中止命令等，规定国家有必须事先进行公开听证手续的义务。

同时在新法中，对于大范围的重要文化财的管理、修复以及管理团体对史迹名胜天然纪念物进行的管理，规定了国家补助的法律依据。

（2）第一次修改（昭和二十九年（1954 年））——创建无形文化财的指定制度

文化财保护委员会在根据《文化财保护法》实行保护政务的过程中，有了进一步充实加强保护制度的要求，于是在新法实施三年之后，该法律根据政府提案进行了修改。此次修改主要有以下几点。

A. 创建重要文化财的管理团体制度

关于史迹名胜天然纪念物，旧法中有可以将地方政府指定为管理团体的规定，但是对于国宝没有这样的规定，并且在新法中也是同样。所以，对于重要文化财，增设了管理团体的制度，但只限于特殊情况下将地方政府以及其他法人指定为管理团体，赋予他们在保存时进行必要管理以及修复、公开展示的义务。

B. 创建无形文化财的指定制度

根据新法，虽然其保护对象包括了无形文化财，但是其制度是，对于那些高价值的国家如果不保护可能就会衰亡的无形文化财采取补助措施。对此，此次修改设置了重要无形文化财的指定制度，并对根据情况可以采取的补助措施做了修改。另外，由于指定的是无形技能其本身，所以为了将其具体化，在进行指定时，规定必须与体现其技能的自然人持有者的认定同时进行。

C. 民俗资料的制度化

从前，民俗资料包括在有形文化财中，但是没有被指定为重要文化财的情况。此次修改将民俗资料的定义在法律制度上独立，同时对于有形民俗资料新增加了重要民俗资料的指定制度，并对重要民俗资料设置了保护规定，但是在变更现状以及出口上采取的是事先申报制度。

D. 加强对埋藏文化财的保护

在新法“有形文化财”的章节中，埋藏文化财的保护第一次被作为法律制度化。而在此次修改中，埋藏文化财作为埋藏在地下的物品从有形文化财中分离了出来，成为了一个独立的章节。同时，规定当进行以土木工程、开垦以及其他调查地下埋藏文物为目的之外的发掘时，或计划发掘已知的地下埋藏文物时，有义务事先进行申报，并规定国家对此申报可以进行必要的指示。

E. 完善保护纪念物的制度

在新法中虽然提出了关于史迹、名胜以及天然纪念物的保护，但是对于内容不明确的，修改后通过示例明确了内容。另外，在指定史迹名胜天然纪念物，以及临时指定或做出变更现状的许可时，新增加了应该注意财产权以及其他公益性调整的指令规定，并新增加了提出异议的制度。对于未经批准擅自变更史迹名胜天然纪念物现状的情况，在建立了命令其恢复原状规定的同时，强化了处以2.5万日元罚款的处罚规则，修改为与重要文化财的处罚规定相同的数量。最后，将通过独立行政命令制定的管理团体制度，与重要文化财的管理团体制度的法律规定一起修改为法律事项，完善了关于纪念物的规定。

F. 地方政府事务的明确化

规定地方政府可以指定由国家指定之外的文化财，并采取保护措施，但对于文化财的指定，需要根据《地方自治法》条例或是根据教育委员会规则进行。在《文化财保护法》中由此为这样的事务设置了法律依据，作为条例事项。

(3) 第二次修改（昭和五十年（1975年））——增设关于传统建筑物群和文化财保存技术的制度

从最初进行《文化财保护法》修改的昭和二十年代末以来，日本的经济进入了战后复兴时期，但是在昭和三十年代后期到四十年代，日本迎来了经济快速增长期和社会结构的大规模变化，支撑文化财的社会基础、生活基础在这一背景下急剧变化。在急剧的城市化、地方人口减少、大城市重建等形势下，城市中具有历史渊源的建筑物以及寺院等的重建，古驿站、城下町等的改观时时刻刻都在发生着。同时，随着生产方式以及生活方式的近代化、合理化等，传统的民俗祭奠以及民用器具无可挽回地衰退下去了。另外，由于广泛的土地开发的进行，有关保存埋藏文化财的问题在全国屡屡出现，开发和保护文化财的对立矛盾成为了一个很大的课题。因此，文化厅于昭和四十六年（1971年）开始着手讨论修改《文化财保护法》，以应对出现的这些问题。他们瞄准了政府提案，讨论出了修改草案，但是因为诸多原因，最后是通过议员立法进行了修改，于昭和四十九年（1974年）在众议院文教委员会设立了“有关保护文化财小组”，推动了修改草案的进展，并于昭和五十年（1975年）拿出了提案，同年6月被批准通过，10月1日开始实施。此次修改主要有以下几点。

A. 扩充文化财的定义

有形文化财的定义规定为，建筑物以及其他有形文化所产生的具有很高价值的文化载体，和与其成为一体形成其价值的土地以及其他物件，同时还包括具有很高学术价值的历史资料。根据这个规定，神社寺院境内的土地、武士之家、民居等的宅地亦可直接作为指定物件而成为保护对象。另外，在创建了传统建筑物群保存地区制度的同时，将“传统建筑物群”作为文化财的一种类型加入到了文化财的定义中，并将“民俗资料”修改为“民俗文化财”。

B. 增加持有团体的认定

重要无形文化财的持有者规定仅限于自然人，具有集团性质者也可作为“持有者（代表者）”认定，与此同时还开辟了将社团法人作为持有团体进行认定的渠道。

C. 完善民俗文化财制度

通过将“民俗资料”修改为“民俗文化财”，与重要民俗资料同样，设置了指定重要有形民俗文化财的制度，将根据旧法规定已被指定的重要民俗资料视为新法中的重要有形民俗文化财。另外，关于无形民俗文化财，在新设置了国家指定制度的同时，还完善了有关其保存所需经费的补助制度。

D. 完善埋藏文化财制度

面对快速开展的土地开发事业，保护埋藏文化财的制度也得到了加强和完善。在昭和二十九年（1954 年）的第一次修改时，便增加了有关在已知埋有埋藏文化财的土地上进行土木工程等挖掘的申报制度，并决定继续沿用考虑到了尊重财产权的申报制度。而对于由国家机关、地方政府规定的以及其他政令规定的官方法人进行挖掘时，规定了要向文化厅通报以及根据此通报进行协商等特殊的处理方法，并形成了制度。另外，新增加的条款，规定了国家以及地方政府有必须努力彻底调查清楚有关埋藏文化财埋藏地的义务，再有接到发现遗址的报告时，在认为与申报有关的遗址为重要遗址并且需要进行调查时，规定文化厅官员可以命令停止、禁止其变更现状的行为。对于上述国家机关等，规定在这种情况下，也可以利用通知、协议等进行特殊的处理方式。此外，制定了关于地方政府进行埋藏文化财埋藏地的调查发掘的规定，明确了地方政府的事务。

E. 增设传统建筑物群保存地区制度

在经济、社会的急剧变化中，城市以及农山渔村的生活方式也发了很大的变化，与之相随的是自古就有的街道以及村落的景观也在发生改观。对于这种状况，各地开展了保护传统建筑物群景观的运动，如昭和四十三年（1968 年），石川县金泽市和冈山县仓敷市制定了条例，从昭和四十七年（1972 年）到四十八年（1973 年）山口县荻市以及长野县南木曾镇（妻笼）等九市镇也相继制定了条例。在这样的形势背景下，参考欧洲保护历史街区中建筑物的方法，制定了传统建筑物群保存地区的制度。这个制度是根据之前的有形文化财的单体保护制度，将具有文化财价值的集合体包括在其环境中进行一体保护的广域保护制度。该制度是在反映市镇村居民愿望的同时，根据城市规划或是条例决定出保存地区，由国家（文部科学大臣）根据市镇村的申报，将具有特别高价值的地区选定为重要传统建筑物群保存地区，并对其有关的管理进行补助，以市镇村为主执行的保护制度，这样一来，可以说就形成了新文化财的保护体系。这个制度最基本的就是将居民现在居住的村落街道规定为保护对象，这一点与其他制度有根本的不同。此外，关于在保存地区变更现状的情况，根据政令制定的标准，在条例中进行了规定。对于改变建筑物现状的制约，从这个制度的宗旨来看，将保存外观作为目的是理所当然的事情。

F. 新增保护文化财保存技术的制度

关于有形文化财的修复以及制作无形文化财的用具等的传统技术、技能，常因难以确保继承人以及材料不足等问题而处于失传的危机状态中。为了应对这样的状况，此次修改规定由国家选定需要采取保存措施的保存技术，对在保护文化财时缺之不可的传统技术、技能，采取提供制作美术工艺品的原材料以及修复建筑物所用材料，或是对培养传承者的事业提供援助等措施。此外，还规定在选定保存技术时，需要同时认定所选定保存技术的持有者或是持有团体。

G. 设置都道府县文化财保护审议会

规定在都道府县的教育委员会中，设置文化财保护审议会取代之前的文化财专门委员会，在规定了其所管辖事项的同时，决定其可以设置非常务文化财保护指导委员。另外，规定国家要对地方政府为了保护文化财而产生的债务予以适当的考虑。

（4）第三次修改（平成八年（1996 年））——创建登录文化财制度

在不知止于何处的开发进展和生活方式改变的日本近代化进程中，各种文化财被破坏、毁灭的危机相继出现。根据平成二年（1990 年）东京都进行的调查，昭和五十五年（1980 年）存在于千代田区、中央区、港区、新宿区、台东区的 1016 件“可作为文化财的有价值的建筑物”中，在平成二年（1990 年）的调查中确认已经消失的有 539 件，即超过一半的文化财建筑物消失了。平成四年（1992 年）4 月，在文化财保护审议会设立的文化财保护策划特别委员会提交了题目为《关于修改充实对应于时代变化的文化财保护措施》的报告，报告在提出扩大文化财保护对象、增加保护措施等的同时，提出了保护近代文化财必要性的建议。根据这些建议，通过平成六年（1994 年）9 月在文化厅召开的“关于近代文化财的保存・运用调查研究合作者会议”，于平成八年（1996 年）7 月形成了报告，提出了修改指定标准以及文化财保护制度多样化等的保护方法的建议。根据这些建议，文化厅修改了部分国家指定标准；另一方面，对于建筑物创建了与指定制度互补的登录制度，并将其内容写进了《文化财保护制度的部分修改法律》中，通过政府提案提交给了国会。此次修改于平成八年（1996 年）公布，10 月开始实施。其内容包括以下几点。

A. 创建文化财登录制度

在国家以及地方政府指定的文化财之外的建筑物中，对于特别需要采取保存及运用措施的建筑物，创建了由文部科学大臣将其登录在文化财登录底账上的制度，即文化财登录制度。登录制度是在希望得到所有者配合的同时，力求形成对于建筑物保存的宽松的保护制度。在全国大约有 2.5 万件可能成为登录对象的物件，其中经过相关学会评估，认为特别有价值以及存在于大城市有灭失危险的大约有 2500 件，文化厅对这些建筑物执行的是尽快予以登录的方针。平成八年（1996 年）之后，经过一年数次向审议会咨询，根据审议会的意见，进行了加急登录。

B. 向指定城市委任权限等

关于批准改变重要文化财现状等的职权，除了都道府县的教育委员会，规定也可以委任给指定城市以及核心城市的教育委员会。另外，与都道府县的教育委员会同样，根据条例的相关规定，也可以在市镇村的教育委员会设置文化财保护审议会。

C. 促进重要文化财的运用

关于重要文化财的公开，规定由拥有被批准的公开设施的所有者主办时，无需经过批准。放宽了对公开的制约，以达到促进重要文化财公开展示的目的。

（5）第四次修改（平成十六年（2004 年））——创建文化景观保护制度和扩充文化财登录制度

A. 创建文化景观保护制度

20 世纪后半叶，欧洲各国依据保护文化遗产的制度和与城市规划相关的制度，制定了各种各样的法规以及行政手段，达到了保护历史性建筑物以及纪念物、保护古老街道等环境和景观的目的。日本在反省了由于开发对环境造成的破坏，想要通过自治体进行环境保护的同时，也广泛展开了对景观的保护活动。进入昭和五十五年（1980 年）以后，有关城市景观保护的制度在有条不紊地贯彻执行着，至平成十六年（2004 年），通过国土交通省、农林水产省、环境省的共同提案，创建了《景观法》。该项法律修改了与此相关联的《文化财保护法》，在文化财的定义中新加入了“文化景观”，规定文部科学大臣根据都道府县或是市镇村的申报，可以在提交申报的都道府县或是市镇村中，根据《景观法》的规定而划定景观计划区域，或是在景观区域内，从那些需要采取必要保存措施的景观中选定出特别重要的景观，作为重要的文化景观。

B. 扩充文化财登录制度

平成八年（1996 年）修改的法律创造了关于建筑物的文化财登录制度，这次修改将登录的对象扩大到了建筑物之外的有形文化财。另外，关于有形民俗文化财以及纪念物，规定了适用的登录有形民俗文化财制度和登录纪念物制度。

C. 增加民俗技术

在民俗文化财的定义中新增加了民俗技术。

（三）文化财保护体系

日本的《文化财保护法》经过上述发展所形成的文化财保护体系如下图 1－1 所示。

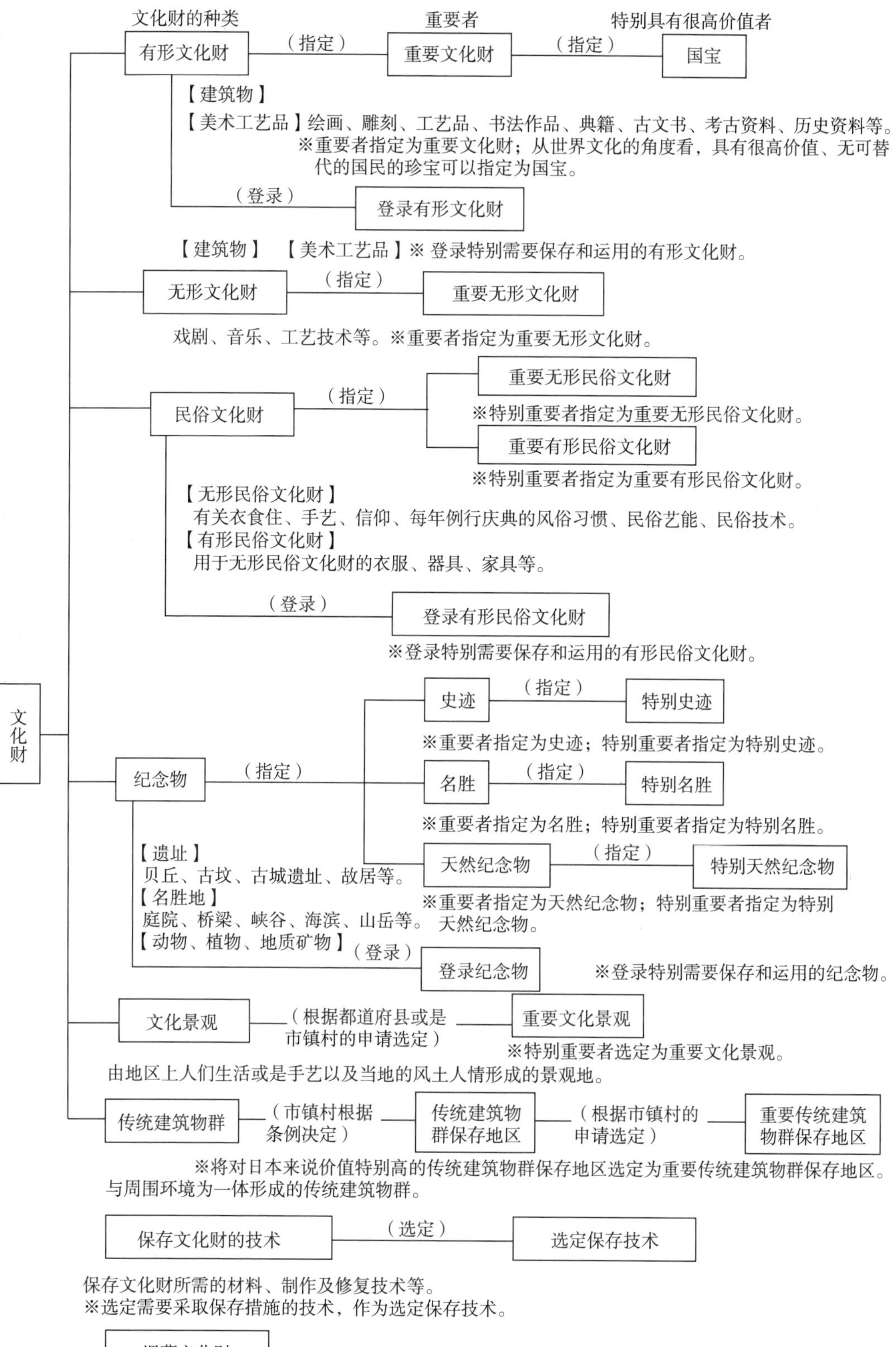
文化财的种类
重要者
特别具有很高价值者
有形文化财
（指定）
重要文化财
（指定）
国宝
【建筑物】
【美术工艺品】绘画、雕刻、工艺品、书法作品、典籍、古文书、考古资料、历史资料等。
※重要者指定为重要文化财；从世界文化的角度看，具有很高价值、无可替代的国民的珍宝可以指定为国宝。
（登录）
登录有形文化财
【建筑物】　【美术工艺品】※登录特别需要保存和运用的有形文化财。
无形文化财
（指定）
重要无形文化财
戏剧、音乐、工艺技术等。※重要者指定为重要无形文化财。
民俗文化财
（指定）
重要无形民俗文化财
※特别重要者指定为重要无形民俗文化财。
重要有形民俗文化财
※特别重要者指定为重要有形民俗文化财。
【无形民俗文化财】
有关衣食住、手艺、信仰、每年例行庆典的风俗习惯、民俗艺能、民俗技术。
【有形民俗文化财】
用于无形民俗文化财的衣服、器具、家具等。
（登录）
登录有形民俗文化财
※登录特别需要保存和运用的有形民俗文化财。
文化财
史迹
（指定）
特别史迹
※重要者指定为史迹；特别重要者指定为特别史迹。
纪念物
（指定）
名胜
（指定）
特别名胜
※重要者指定为名胜；特别重要者指定为特别名胜。
【遗址】
贝丘、古坟、古城遗址、故居等。
天然纪念物
（指定）
特别天然纪念物
【名胜地】
庭院、桥梁、峡谷、海滨、山岳等。
※重要者指定为天然纪念物；特别重要者指定为特别天然纪念物。
【动物、植物、地质矿物】
（登录）
登录纪念物
※登录特别需要保存和运用的纪念物。
文化景观
（根据都道府县或是市镇村的申请选定）
重要文化景观
※特别重要者选定为重要文化景观。
由地区上人们生活或是手艺以及当地的风土人情形成的景观地。
传统建筑物群
（市镇村根据条例决定）
传统建筑物群保存地区
（根据市镇村的申请选定）
重要传统建筑物群保存地区
※将对日本来说价值特别高的传统建筑物群保存地区选定为重要传统建筑物群保存地区。
与周围环境为一体形成的传统建筑物群。
保存文化财的技术
（选定）
选定保存技术
保存文化财所需的材料、制作及修复技术等。
※选定需要采取保存措施的技术，作为选定保存技术。
埋藏文化财

图 1－1　文化财保护体系

图中的指定指的是文部科学大臣可以将有形文化财中的重要者指定为重要文化财；将无形文化财中的重要者指定为重要无形文化财；将有形民俗文化财中的特别重要者指定为重要有形民俗文化财；将无形民俗文化财中的特别重要者指定为重要无形民俗文化财；将纪念物中的重要物件指定为史迹、名胜或是天然纪念物。再者，在重要文化财中，从世界文化角度来看具有很高价值，且属于不可替代的国民珍宝可以指定为国宝；史迹、名胜、天然纪念物中特别重要的物件可以指定为特别史迹、特别名胜或是特别天然纪念物。有形文化财和纪念物是由国家指定，这样就形成了两个阶段的指定。

登录指的是文部科学大臣对于重要文化财之外的有形文化财、重要有形民俗文化财之外的有形民俗文化财、史迹名胜天然纪念物之外的纪念物中的物件，鉴于其作为文化财的价值，可以在保存以及运用方面，对需要采取必要措施的物件登录在文化财登录底账上。

选定指的是市镇村根据《城市规划法》第 5 条的规定，可以选定传统建筑物群保存地区。文部科学大臣根据市镇村的申请，对于传统建筑物群保存地区的全部或是一部分，若认为对于日本来说具有很高价值，可以选定为重要传统建筑物群保存地区。

文部科学大臣还可以根据《文化财保护法》，对那些虽然不会被定义为文化财，但是对于保存文化财不可缺少的且需要采取保护措施的传统技术或是技能，选定为保存技术。

第二节 文化财保护的目的和对象

（一）文化财保护的目的

《文化财保护法》在第 1 条中对法律的目的做了这样的规定：“制定本法律的目的是保存并利用文化财，并且以此来提高国民文化水平，同时要对世界文化进步作出贡献。”

很显然制定本法律的目的是，从国家层面设立法律制度，以利于文化财的保存和利用，目标是要提高国民的文化水平和对世界文化的进步作出贡献。而且，为了达到此目的，该法在第 3 条中硬性规定了国家以及地方政府的任务，在第 4 条中告诫普通国民以及文化财持有者应做好的精神准备，同时，该法也对于国家以及地方政府赋予了要尊重相关人员的所有权及其他财产权的义务。

（二）文化财保护的对象

《文化财保护法》第 2 条中对文化财的定义如下：

在本法律中被称为“文化财”的为以下所示的物件。

一　建筑物、绘画、雕刻、工艺品、书法作品、典籍、古文书以及其他有形文化所产生的，在日本历史或艺术方面具有较高价值的文化载体（包括与本体有关的部分以及对其价值形成具有意义的土地及其他部分）以及考古资料和其他具有较高学术价值的历史资料（以下简称为“有形文化财”）。

二　戏剧、音乐、工艺技术以及其他无形文化所产生的，对于日本来说具有很高的历史或是艺术价值的文化载体（以下简称为“无形文化财”）。

三　有关于衣食住行、生产、信仰、节日等反映风俗习惯、民俗艺能等方面的服装、器具、房屋及其他物品，对于认识日本国民生活的承袭和发展不可欠缺的文化载体（以下简称为“民俗文化财”）。

四　贝冢、古坟、古城遗迹、故居以及其他遗址等，对日本来说具有很高历史或是学术价值的文化载体；庭院、桥梁、峡谷、海滨、山岳以及其他名胜，对日本来说具有很高艺术或是观赏价值的文化载体；动物（包括栖息地、繁殖地以及越冬地）、植物（包括自然生长地）和地质矿物（包括产生特异的自然现象的土地），对日本来说具有很高的学术价值的文化载体（以下简称为“纪念物”）。

五　随着各地区人们的生产生活以及该地区的风土人情等所形成的，对于理解日本国民的生活或是生产生活不可欠缺的景观地（以下简称为“文化景观”）。

六　与周围的环境融为一体，形成历史性风景名胜并具有较高价值的传统建筑物群（以下简称为“传统建筑物群”）。

如上所述，在《文化财保护法》第 2 条中，将文化财的主要种类大致分为 6 个类型，并将包含在各类型的文化财分别称为有形文化财、无形文化财、民俗文化财、纪念物、文化景观、传统建筑物群。

（三）现行《文化财保护法》内容简述

现行的日本《文化财保护法》最近一次修改是 2007 年（平成 19 年）3 月 30 日。这部法令共 13 章（第二章已废除），180 条。

第一章为总则，共 4 条，规定了立法目的、文化财的定义、政府与地方公共团体的职责，说明了国民和文化财所有者应有的认识等。

第三章是针对有形文化财的保护法规，共 44 条。第一节为重要有形文化财的指定、管理、保护、公开、调查等制度，共 30 条。第二节为有形文化财的登录制度，共 13 条。第三节为重要有形文化财及登录有形文化财之外的有形文化财的保护制度，共 1 条。

第四章是针对无形文化财的保护法规，共 7 条，规定了重要无形文化财的指定、持有者或持有团体的认定、重要无形文化财的保存、公开、记录档案制作、经费管理等制度。

第五章是针对民俗文化财的保护法规，共 14 条，规定了重要有形民俗文化财及重要无形民俗文化财的指定、管理、保护、公开、与所有者变更相伴的权利和义务继承、经费管理等制度。

第六章是针对埋藏文化财的保护法规，共 17 条，规定了对埋藏文化财进行发掘的申请、指示及命令、对配合工程及科学研究所进行的发掘的管理、对埋葬文化财的处理及文化财的归属等制度。

第七章是针对史迹名胜及天然纪念物的保护法规，共 25 条，规定了史迹名胜及天然纪念物的指定、对所有权人所有权的尊重、对其他公共开发事业的调整、对史迹名胜及天然纪念物的管理、修复、维护、登录以及上述工作的经费来源等制度。

第八章是针对重要文化景观的保护法规，共 8 条，规定了重要文化景观的选定、管理、对现状变更的限制等制度。

第九章是针对传统建筑物群保存地区的保护法规，共 5 条，规定了重要传统建筑物群保存地区的选定与管理等制度。

第十章是针对文化财保存技术的保护法规，共 6 条，规定了文化财选定保存技术的选定与保存等制度。

第十一章规定了文化财保护审议会的协商制度，共 1 条。

第十二章为补则，共 39 条。

第十三章为罚则，共 11 条。

第三节　时间性、空间性、目的性的制约

（一）时间性制约

关于有形文化财中的建筑物，到昭和四十年代为止，飞鸟、奈良、平安时代的现存建筑物的大部分甚至是全部，以及镰仓、室町时代建筑中大部分重要的建筑物均被指定为国宝或是重要文化财。同时，对于近代之后的建筑物，在建立了《文化财保护法》之后，因为对城郭建筑、陵庙建筑以外的民居以及寺院建筑等进行了有组织的调查，使指定对象得到了很大程度的扩展。关于西洋建筑，相关调查从昭和四十一年（1966 年）开始实施，到昭和四十四年（1969 年）指定了长野县松本市开智学校、长

崎县长崎市格洛弗庭院等 45 件、61 栋建筑。到昭和六十二年（1987 年），被指定的明治西洋风格建筑达到了 80 件、109 栋，还有大正时期的北海道函馆市克里斯托正教会复活教堂等 5 件、7 栋也被指定为重要文化财。在平成九年（1997 年），东京都明治生命本馆作为昭和时期的建筑物第一次被指定为重要文化财。

从平成二年（1990 年）开始，文化厅实施了“近代文化财（建筑物等）综合调查”，以力求保护近代文化财。同时还在平成八年（1996 年）6 月修改了《文化财保护法》，开始对建筑物实行文化财登录制度，登录制度规定将完工后经过 50 年以上的建筑物作为登录对象。

对于绘画等美术工艺品，在昭和四十四年（1969 年）之前，指定了横山大观画的《生生流传》以及黑田清辉画的《舞妓》等 17 件明治时期的作品为重要文化财，到了昭和六十年代则可以看到指定的昭和初期的绘画作品。

决定指定这些近代或是现代制作的物件为重要文化财，是因为这些近现代物件是符合在《文化财保护法》第 2 条中规定的具有很高历史或是学术价值的物件。这也意味着根据《国宝以及重要文化财指定标准》（昭和二十六年（1951 年））、《文化财保护委员会公告》（第 2 号）的规定，这些物件被判断为是“日本文化史上的珍贵物品”或是“日本绘画史上具有特殊意义的资料”中的绘画以及“各个时代或是类型的代表作品”、“具有很高历史价值”或是“具有很高学术价值”的建筑物。

然而时代意识与历史意识是相对的，是随着时代的进展而变化的。因此，对于在当前的时代，就国民究竟认为什么是文化财，什么范围内的文化财才可以被认为是应该作为法律保护的对象这一问题而言，不得不被对象物件所处的时代以及当时的国民意识等时代性因素所制约。昭和五十年（1975 年）方才正式开始的指定和调查近代神社寺院建筑项目，以及昭和四十年代中期在全国掀起的保存街道的活动等，均是受到时代制约现象的典型事例。

（二）空间性制约

从京都修学院离宫、上离宫可以眺望到优美的风景，可以看见洛北和西山的山脉，也可以看到令人愉悦的京洛风光。此处离宫的名胜价值是由开阔的离宫内部庭院和大片外部空间的借景范围共同构成的。在京都的名胜地以及庭院中，能看到许多将东山的各个山峰借为远景的情况。

在被国家指定为名胜的庭院中，通过将外部空间作为辅助借景来达到构成庭院价值目的的例子并不多。比如，平安时代以后建成的净土庭院，由于其原本的宗教意图，大多是借背后的群山为远景而建造的，即便在今天，我们仍然认为借助背后的山景构成的庭院是不可多得的景观。故此，为了保护净土庭院，我们甚至将背后的山脊都包含在史迹以及名胜范围内进行指定，并采取保护措施，但是因为土地所有权不同等原因，在采取保护措施的过程中也存在一定的问题。

京都府京都市圆通寺庭院、冈山县冈山市后乐园庭院以及高梁市赖久寺庭院等的保护是根据县或市的景观保护条例等，为了不破坏从庭院所能眺望到的景致，通过控制外部土地的使用来实现的。但是，对于大城市中庭院的外部空间，很多情况下很难在文化财价值中给予定位和进行环境保护。

关于文化财外部环境的保护，还存在更困难的问题。如为了凸显建筑物的整体美感，需要确保一定的外部空间，但是在日本，为了观赏这种整体美而完整保护其外部环境是极难做到的。《文化财保护法》第 45 条中虽然有保护重要文化财环境的规定，但是，没有规定其具体适用的必要条件，故对于景观的保护，该法规是否适用还存有疑问。这样的空间制约即便对动植物天然纪念物的栖息地的指定也是一个问题。

现在，文化财的保护逐渐有向广域保存方向发展的趋势，而其周边环境的逐步恶化也是原因之一，但是长久以往，可以说文化财的空间制约问题会愈发突出。在昭和五十年（1975 年）修改法律时创建的“传统建筑物群保存地区制度”是解决这个问题的一种方法。

（三）目的性制约

位于京都市伏见区的安乐寿院中安放有作为重要文化财的阿弥陀佛和如来佛像，同一区的安乐寿院南陵近卫天皇陵中也有多尊宝塔本尊的阿弥陀佛和如来佛像，这两边的像虽然都是平安时代后期的代表作，被人们认为是原本与皇室有渊源的一对佛像，但是现在一尊放置在民间寺院，一尊放置在由宫内厅管理的天皇陵内部。前者在明治四十年（1907 年）被指定为国宝（之后的重要文化财），但后者因为皇陵内部宗教性的存在而未能成为指定对象。

平成九年（1997 年）春天，京都国立博物馆在建馆一百周年纪念会上，举办了“宫廷美术”特别展览会，展出了安乐寿院的重要文化财阿弥陀佛和如来佛像，但是近卫天皇陵内的佛像作为皇陵的一部分，没有被批准移出、公开展出，只用照片进行了展示。

皇陵、陵墓作为祭祀的对象而被严格监守，即便到今天也直接作为年祭的仪式现场以及礼拜的对象，并对于任何公开的展示都有着严格的限制和制约。皇陵不属于《文化财保护法》规定的指定对象，其他皇室财产和宫内厅管理的物件一般也都不通过法律进行指定，而可以通过桂离宫以及修学院离宫的申请制度进行参观以及在指定的展览会上进行展出。宫内厅所管理的奈良县正仓院正仓在平成九年（1997 年）被指定为重要文化财、国宝，因为这是古都奈良准备申请世界文化财所要求的条件，因此才做了例外的指定。

其他非皇室的且具有作为文化财价值的宗教物件，根据其祭祀目的以及宗教上的礼仪等性质，也有被置于文化财保护以及运用对象之外的情况。寺院的密宗佛像以及宗教上的仪轨便很难被作为重要文化财以及民俗文化财的指定对象，或是即使被指定了，对其的公开也有很多制约，这也是难以被指定的原因之一。在这种情况下，首先要考虑的是其宗教的目的以及价值。

诸如此类，即使具备了作为文化财的价值，但由于需要优先维护其事物原来的使用目的，所以作为文化财的保护以及利用就会受到部分制约。在这种情况下，作为文化财的运用价值和其本身的价值是相对立的，因此，就限制了其作为文化财方面的运用价值。

第二章　日本文化财的指定与登录制度

第一节　指定制度

（一）什么是指定制度

所谓指定制度就是指定文化财中重要的文化财，并对所指定的文化财的所有者施以制约，以利于保护珍贵的国民财产的制度。亦即，指定制度就是选定重点文化财，通过严格的制约和精心的保护，永久保存对日本来说价值极高的文化财的制度。指定制度是日本文化财保护制度的重要组成部分，对推进文化财保护作出了很大的贡献，并已经深深地植根于广大国民之中。

如在第一章第一节中所述，在现行的《文化财保护法》中，文化财囊括了“有形文化财”、“无形文化财”、“民俗文化财”、“纪念物”、“文化景观”、“传统建筑物群”这 6 个领域。根据《文化财保护法》，基本的文化财保护措施是在这些文化财中由文部大臣指定重要的部分（对于文化景观及传统建筑物群则称为选定），以达到保护的目的。在指定或是选定文物时，由文部大臣向文化财保护审议会咨询，收到其答复后方可进行指定或选定。

1. 各个文化财领域中指定制度等的结构

A. 有形文化财

将有形文化财中重要的指定为重要文化财，再在重要文化财中，从世界文化的角度考虑，将具有较高价值的、无可替代的国民珍宝指定为国宝。

B. 无形文化财

将无形文化财中重要的指定为重要无形文化财，将可以表现该重要无形文化财者认定为该重要无形文化财的持有者或是持有团体。

此外，除重要无形文化财之外，对于特别需要采取保护措施的无形文化财，应当采取记录在册的措施。

C. 民俗文化财

将有形民俗文化财中特别重要的指定为重要有形民俗文化财；将无形民俗文化

财中特别重要的指定为重要无形民俗文化财。此外，对于重要无形民俗文化财之外的特别需要采取保护措施的无形民俗文化财，也应采取记录在册的措施。

D. 纪念物

将纪念物中重要的指定为史迹名胜或是天然纪念物，再从已经指定的史迹名胜或是天然纪念物中，对于特别重要的分别指定为特别名胜、特别史迹或是特别天然纪念物。

E. 文化景观

根据都道府县或市镇村的申请，将文化景观中特别重要的选定为重要文化景观。

F. 传统建筑物群

将传统建筑物群以及与其自成一体形成其价值的环境作为传统建筑物群保存地区，属于城市规划区中的部分根据城市规划，城市规划区域之外的部分根据条例由市镇村进行规划。文部大臣根据市镇村的申报，从这些保存地区中，选定对于日本来说具有较高价值的地区，作为重要传统建筑物群保存地区。

2. 指定文化财的件数

截止到平成八年（1996 年）10 月 1 日，国家指定的文化财件数如表 3 －1 所示。随着近年来文化财指定对象的扩大，以及对促进指定的要求和学术性调查研究的进展，国家指定文化财的件数在有条不紊地增加。

表 2－1　国家指定文化财的件数（截止到平成八年（1996 年）10 月 1 日）

【指定】

(1) 国宝、重要文化财

类别/分类		指定件数	
		国宝	重要文化财
美术工艺品	绘画	154	1880
	雕刻	121	2543
	工艺品	251	2341
	书法作品、典籍、古文书	275	2485
	考古资料	37	498
	历史资料	0	80
	合计	838	9827
建筑物		207（249 栋）	2134（3577 栋）
合　计		1045	11961

注：重要文化财件数中包括国宝的件数。

（2）史迹名胜天然纪念物

类别	指定件数	类别	指定件数
特别史迹	57	史迹	1354
特别名胜	28	名胜	262
特别天然纪念物	72	天然纪念物	917
合计	157	合计	2533

注：史迹名胜天然纪念物的件数中包括特别史迹名胜天然纪念物的件数。

（3）重要无形文化财

类别	持有者		持有团体	
	指定件数	持有者数	指定件数	持有团体数
艺能	30	45	11	11
工艺技术	32	42	13	13
合计	62	87	24	24

（4）重要有形民俗文化财：187 件

（5）重要无形民俗文化财：169 件

【选定】

（1）重要传统建筑物群保存地区：42 个地区

（2）选定保存技术

类别	选定件数	持有者数		持有团体数
与有形文化财相关的技术	16	18	8	8（6）
与无形文化财相关的技术	17	17	8	10
合计	33	35	16	18（16）

注：因与有形文化财相关技术的持有团体有重复认定的情况，括号内为实际持有团体数。

3. 指定及其手续

指定制度如上所述，是涉及有形和无形文化财两方面的制度，但是在此，为了便于说明，以美术工艺品和建筑物等有形文化财的指定制度为主，简要介绍相关的手续。

（1）指定重要文化财

重要文化财的指定由文部大臣进行，对于满足一定标准的文化财进行指定，通过赋予所有者保存上的某些义务，以达到保护的目的。在实际操作上，一般做法是与需要指定的文化财的所有者以及该文化财所在地的地方政府等取得联系，在事先取得所有者的理解之后，再进行指定。这样的指定是为了日后能够顺利进行文化财的管理等，在法律上也规定了可以按照国家单方面的意思进行指定。

文化财的指定需要高度的专业知识和经验等，所以，法律规定文部大臣在指定时必须事先咨询文化财保护审议会。

在文化财被指定为重要文化财后，通过官方报纸公布这一指定的同时，也要向所有者发出通知。根据官方的规定，其指定对所有者之外的人自公布之日起生效，对于所有者自通知到达之日起生效。文化财被指定为重要文化财时，文部大臣必须使用文部省规定格式的指定证书交付给所有者。另外，重要文化财被指定为国宝时，规定所有者需要返还重要文化财的指定证书。

（2）解除重要文化财的指定

当被指定的文化财失去了作为文化财的价值或是具有其他特殊理由时，文部大臣可以解除其指定。与文部大臣指定的情况同样，解除时也必须咨询文化财保护审议会。对于失去价值的规定，具体是指由于灾害而消失、损毁等假定情况。解除指定也与指定同样，在官方报纸上进行公布的同时，向所有者发出通知。

4. 对指定文化财等的保护

关于被指定的文化财，国家对其制定了制约、援助以及保存和利用等措施。

（1）重要文化财、重要有形民俗文化财以及史迹名胜天然纪念物

A. 文化厅厅长对管理、修复以及公开展示可以进行指示、命令、劝告等。

B. 由文化厅厅长指定管理团体并由该管理团体进行管理、修复以及公开。

C. 制约变更现状或是影响保存的行为。

D. 对出口进行限定。

E. 变更所有者、变更所在地、消失、毁损等时，必须向文化厅厅长报告。

F. 对修复、收购等所需要的经费由国库进行补助。

（2）重要无形文化财、重要无形民俗文化财、选定保存技术

A. 由文化厅厅长实施登录造册、培养继承人等措施。

B. 文化厅厅长为了保存等可以提出必要的劝告、建议。

C. 文化厅厅长对公开展示、公开记录可以给出建议。

D. 由国家对登录造册、培养继承人等所需的经费给予补助。

（3）重要传统建筑物群保存地区

A. 按照所制定的政策命令规定的标准制定市镇村的条例，并按照此条例制约变更

现状的行为。

B. 通过文化厅厅长或是都道府县教育委员会对市镇村的保存提出指导、建议。

C. 对于市镇村采取的管理、修复、园林绿化等措施所需的经费进行补助。

通过以上这些措施力图达到保存以及利用指定文化财的目的。

将上述事项用图表示则为图 2 －1 所示。

图 2 －1　有关指定文化财的制约、援助等

(1) 重要文化财、重要有形民俗文化财以及史迹名胜天然纪念物

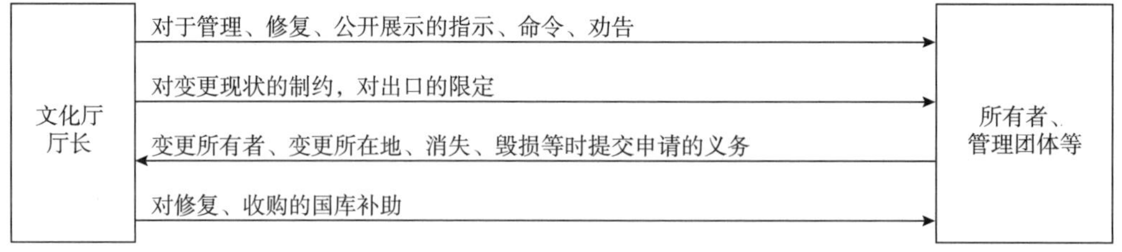

(2) 重要无形文化财、重要无形民俗文化财以及选定保存技术

(3) 重要传统建筑物群保存地区

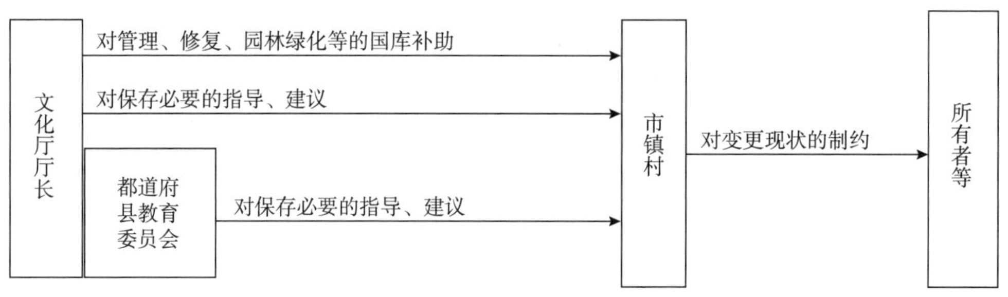

注：国家机关、地方政府等因土木工程等进行发掘或是发现遗址时，按照向文化厅厅长通知、协商的制度执行。

5. 地方政府所制定的文化财指定制度

由国家进行指定的文化财，是通过国家采取相应的措施进行对上述文化财的保存与利用。但是文化财的数目庞大，遍及全国，并且根据其性质，保存时需要在日常管理上做到非常周到细致，所以国家无法对遍布全国的文化财普遍加以保护，因此很多工作需由文化财所在的地区承担。而且文化财与所在地区的文化、历史具有紧密的联系，对其的保存以及利用，对振兴发展地方文化也是非常重要的，所以对于保护文化财的政务，地方政府所肩负的责任是非常重大的。

在《文化财保护法》中也规定了地方政府的政务。地方政府可以对管理、修复、复原、公开以及其他保存和利用文化财所需的经费给予补助，另外，地方政府在制定条例过程中，可以在国家指定文化财之外且属于该地方政府所在区域内的文化财中指定重要文化财，并采取必要的保存以及利用措施（参见表 2 -2、2 -3）。

地方政府中的文化财保护行政体制也正在完善中（参见表2 -4），从今往后，国家和地方政府团结一致，推进综合性文化财保护政务的进行是大势所趋。

表 2 -2　都道府县指定文化财的件数（截止到平成七年（1995 年）5 月 1 日）

分类	有形文化财		无形文化财	民俗文化财		纪念物			传统建筑物保存区	保存技术	合计	环境保护地区
	建筑物	美术工艺品		有形	无形	史迹	名胜	天然纪念物				
北海道	23	42	1	4	6	25	2	30			133	
青森	30	87	2	9	42	20		26			216	
岩手	31	171	1	20	15	38	2	32			310	
宫城	33	66	5	4	33	14	2	19			176	
秋田	38	197	2	13	44	38		40			352	
山形	37	322	1	4	16	31	2	60			473	
福岛	37	203	3	31	37	47	4	50		1	413	
茨城	70	387	4	4	28	57	5	57			612	
枥木	59	566	2	5	18	49	1	64			764	
群马	50	120	2	6	9	86		92		1	366	
琦玉	47	218	2	15	40	100	6	78			506	
千叶	56	207	8	13	53	79	4	50			470	
东京	52	244	7	14	48	90	2	65			522	
神奈川	41	177		10	29	23	1	62			343	

续表

分类	有形文化财		无形文化财	民俗文化财		纪念物			传统建筑物保存区	保存技术	合计	环境保护地区
	建筑物	美术工艺品		有形	无形	史迹	名胜	天然纪念物				
新潟	25	139	9	8	12	43	3	56			295	
富山	10	93	5	6	9	32	2	55			212	
石川	35	157	5	3	12	23	10	30			275	
福井	18	119	5	9	46	29	3	33			262	
山梨	53	205		13	14	20	5	111			421	
长野	51	103	2	4	21	64	5	89			339	
岐阜	53	401	5	42	45	158	5	191			900	
静冈	40	253	3	7	37	28	6	124			500	
爱知	44	372	6	24	46	44	5	61			602	
三重	30	205	1	20	32	69	10	71			438	
滋贺	59	172	3	9	66	35	13	6		2	365	
京都	64	121	9	2	19	17	15	13		4	264	55
大阪	53	169		6	15	84	9	70			406	
兵库	184	261	4	28	31	84	13	112			717	
奈良	92	165	1	16	25	43	5	55		1	403	
和歌山	50	192		10	70	107	6	72			507	
鸟取	13	83	5	3	31	17	2	49			203	
岛根	25	164	2	17	32	58	3	33			334	
冈山	99	145	8	9	30	51	5	28		1	376	
广岛	45	240	1	5	62	124	6	125			608	
山口	31	161	2	8	33	27	4	48			314	
德岛	9	184	7	4	10	26	3	56			299	
香川	18	78		12	21	31	1	32			193	
爱媛	29	115	1	6	22	49	12	80			314	

续表

分类	有形文化财		无形文化财	民俗文化财		纪念物			传统建筑物保存区	保存技术	合计	环境保护地区
	建筑物	美术工艺品		有形	无形	史迹	名胜	天然纪念物				
高知	8	62	6	2	32	31	7	37			185	
福冈	36	213	7	79	67	54	2	115			573	
佐贺	18	117	7	7	20	35		14			218	
长崎	25	84	4	9	24	95	1	105			347	
熊本	41	146	4	3	34	81	3	37			349	
大分	191	212	3	13	41	89	6	81			636	
宫琦	11	27			20	93	6	17			174	
鹿儿岛	5	51	4	26	48	40	3	20			197	
冲绳	19	84	14	14	4	55	11	51			252	
合计	2068	8300	173	576	1451	2533	221	2802		10	1813	55

表 2－3　市镇村指定文化财的件数（截止到平成七年（1995 年）5 月 1 日）

分类	有形文化财		无形文化财	民俗文化财		纪念物			传统建筑物保存区	保存技术	合计	环境保护地区
	建筑物	美术工艺品		有形	无形	史迹	名胜	天然纪念物				
北海道	90	263	44	59	74	128	9	112			779	15
青森	37	362	1	78	121	76	10	138			823	
岩手	57	505	6	123	342	180	9	326		1	1549	
宫城	99	322	9	22	140	237	21	212		1	1063	
秋田	63	695	62	208	120	129	21	159			1457	
山形	98	1049	9	76	83	149	5	197			1666	
福岛	147	823	5	126	193	291	9	342			1936	5
茨城	211	917	15	69	92	328	11	267		2	1912	8
枥木	205	1192	49	143	141	371	12	378		3	2494	2
群马	208	637	47	110	99	413	16	189			1719	3

续表

分类	有形文化财		无形文化财	民俗文化财		纪念物			传统建筑物保存区	保存技术	合计	环境保护地区
	建筑物	美术工艺品		有形	无形	史迹	名胜	天然纪念物				
琦玉	195	1735	13	298	297	461	18	387			1	3305
千叶	270	934	3	105	133	327	8	158		3	1941	1
东京	178	985	74	378	129	267	4	203		16	2234	19
神奈川	161	651	9	73	66	162	4	165			1291	
新潟	110	1251	15	110	134	279	22	287			2208	1
富山	34	387	2	38	41	172	21	137			832	
石川	111	1131	16	106	83	181	47	271			1946	
福井	75	765	3	56	39	155	29	169			1291	
山梨	168	476	16	46	51	160	11	338			1266	5
长野	492	1167	63	160	124	652	64	690		1	3413	4
岐阜	280	2506	24	188	156	772	52	704			4682	1
静冈	152	731	7	52	78	270	24	286		7	1607	
爱知	167	1802	24	228	174	407	20	415			3237	1
三重	117	701	18	100	106	172	12	101			1327	
滋贺	171	731	1	30	34	68	15	29		1	1080	
京都	147	590	2	19	47	49	27	53			934	10
大阪	40	200	1	16	8	191	3	26			485	1
兵库	345	884	28	78	87	198	34	240		9	1903	9
奈良	67	296	7	20	14	44	3	22		1	474	
和歌山	73	435	7	19	47	196	25	141			943	
鸟取	40	145	6	24	17	111	9	67			419	
岛根	38	288	4	25	61	146	7	157			726	1
冈山	332	560	14	65	90	459	59	381		2	1962	12
广岛	156	721	45	70	88	317	20	345		1	1763	4
山口	128	350	6	24	49	110	8	116			791	
德岛	49	341	10	39	42	116	17	106		3	723	
香川	69	306	6	38	29	127	5	70			650	

续表

分类	有形文化财		无形文化财	民俗文化财		纪念物			传统建筑物保存区	保存技术	合计	环境保护地区
	建筑物	美术工艺品		有形	无形	史迹	名胜	天然纪念物				
爱媛	136	720	25	76	118	393	33	393		2	1896	
高知	60	563	2	61	92	299	13	218		1	1309	
福冈	52	290	8	112	63	154	5	89		2	775	
佐贺	46	164	6	26	21	67	1	58			389	
长崎	94	317	4	107	71	298	5	120			1016	
熊本	441	659	6	21	194	571	41	277			2210	3
大分	651	519	21	80	152	312	28	175			1938	5
宫琦	85	279	2		86	122	4	99			677	
鹿儿岛	76	443	4	385	152	634	36	159			1889	
冲绳	17	125	2	75	152	219	21	93			706	
合计	7040	31913	751	4362	4730	11940	878	9965		57	71636	110

表 2-4 各都道府县负责保护文化财政务的职员数（截止到平成七年（1995 年）5 月 1 日）

各地区	教育委员会			纪念物			合计
	本厅	附属机构	小计	本厅	附属机关	小计	
北海道	18(12)	46(46)	64(58)		35	35	99(58)
青森	15(12)	47(34)	62(46)				62(46)
岩手	8(3)	34(31)	42(34)				42(34)
宫城	32(24)	13(7)	45(31)				45(31)
秋田	5(1)	30(16)	35(17)				35(17)
山形	6(3	32(26)	38(29)				38(29)
福岛	9(4)	58(60)	94(64)				94(64)
茨城	7(4)	83(52)	90(56)				90(56)
枥木	8(4)	73(62)	81(66)	1		1	82(66)
群马	13(8)	72(72)	85(80)				85(80)
琦玉	22(10)	179(79)	201(89)				201(89)
千叶	19(6)	212(76)	231(82)				231(82)
东京	26(17)	14(14)	40(31)				40(31)

续表

各地区	教育委员会			纪念物			合计
	本厅	附属机构	小计	本厅	附属机关	小计	
神奈川	12(3)	57(48)	69(51)				69(51)
新潟	22(16)	42(37)	54(53)				64(53)
富山	4(1)	42(34)	46(35)				46(35)
石川	4	53(39)	57(39)				57(39)
福井	3(2)	35(23)	38(25)			38(25)	
山梨	5(2)	36(36)	41(38)				41(38)
长野	11(7)	82(61)	93(68)				93(68)
岐阜	10(3)	54(33)	64(36)				64(36)
静冈	13(2)	48(48)	61(50)				61(50)
爱知	8(3)	45(45)	53(48)				53(48)
三重	4(3)	43(43)	47(46)				47(46)
滋贺	19(4)	67(43)	86(47)				86(47)
京都	37(10)	62(53)	99(63)				99(63)
大阪	45(27)	88(63)	133(90)				133(90)
兵库	18(3)	53(52)	71(55)				71(55)
奈良	35(7)	40(40)	75(47)				75(47)
和歌山	6(5)	21(10)	27(15)				27(15)
鸟取	4(2)	5(5)	9(7)				9(7)
岛根	46(31)	4(4)	50(35)				50(35)
冈山	9(4)	66(61)	75(65)				75(65)
广岛	13(8)	56(44)	69(52)				69(52)
山口	6(2)	21(21)	27(23)				27(23)
德岛	7(3)	53(53)	60(56)				60(56)
香川	12(3)	30(24)	42(27)				42(27)
爱媛	9(4)	28(27)	37(31)				37(31)
高知	7(4)	29(17)	36(21)		9(1)	9(1)	45(22)
福冈	22(14)	15(5)	37(19)				37(19)
佐贺	27(25)	15(9)	42(34)				42(34)
长崎	14(11)	7(5)	21(16)				21(16)

续表

各地区	教育委员会			纪念物			合计
	本厅	附属机构	小计	本厅	附属机关	小计	
熊本	35(30)	4(4)	39(34)				39(34)
大分	24(21)	9(3)	33(24)				33(24)
宫琦	26(23)	1(1)	27(24)				27(24)
鹿儿岛	18(4)	35(28)	53(32)		10	10	63(32)
冲绳	19		19				19
合计	742(395)	2166(1594)	2908(1989)	1	54(1)	55(1)	2963 (1990)

注：括号内为负责埋藏文化财的职员，包括在总数中。

6. 指定的两个阶段

如上述介绍的那样，重要文化财中具有特别高价值的被指定为国宝，史迹名胜天然纪念物中特别重要的被指定为特别名胜、特别史迹、特别天然纪念物。只是对相关的有形文化财和纪念物的指定，根据其重要程度分为两个阶段。这样的两个阶段的指定是根据 1950 年制定的《文化财保护法》采取的指定方式，以便于更好地体现重点文化财的保护。

指定虽然分为两个阶段，但是，在法律上只有对文化厅厅长发出的有关国宝修复的命令、由文化厅官员直接采取的有关国宝修复和防止消失等的措施、由文化厅官员发出的有关特别史迹名胜天然纪念物修复等的命令、由文化厅官员直接采取的有关特别史迹名胜天然纪念物的修复和防止消失等的措施的规定不同，其他的有关管理、保护、调查、公开等的规定都是统一的。因此，国宝以及特别史迹名胜天然纪念物的指定法律效果和上述有关修复的命令，以及由国家直接采取的修复和防止消失等的措施没有差异，只不过是在观念上产生的对重要性认识的差别，和处理有关保护等时的国家援助以及其他行为过程中产生的差别。

（二）指定制度的法律规定

如前文所述，在现行《文化财保护法》中，文化财包括有形文化财、无形文化财、民俗文化财、纪念物、文化景观与传统建筑物群这 6 个领域。根据《文化财保护法》，基本的文化财保护措施是在这些文化财中由文部大臣指定重要的部分（对于文化景观和传统建筑物群则称为选定），以达到保护的目的。在指定或是选定文化财时，由文部大臣向文化财保护审议会咨询，收到答复后方可进行指定或选定。以下是现行《文化财保护法》中针对各类别文化财的指定制度条文。

1. 有形文化财

第 27 条：重要文化财、国宝的指定

一、文部科学大臣可将有形文化财中重要的指定为“重要文化财”。

二、从世界文化角度出发，文部科学大臣可将“重要文化财”中具有很高价值的、无可替代的国民珍宝指定为“国宝”。

第 28 条：公告、通知与指定证书的发放

一、根据上一条规定做出的重要文化财或国宝指定应在官方公报上予以公布，并通知该重要文化财或国宝的所有者。

二、根据上一条规定对重要文化财或国宝做出的指定，根据本条第一款在官方公报上公布的当天开始生效。而对于重要文化财或国宝所有者，该指定自所有者接到通知之日起开始生效。

三、根据上一款完成重要文化财或国宝指定时，文部科学大臣应向该重要文化财或国宝所有者颁发指定证书。

四、指定证书所载内容和相关必要事项应由文部科学省决定。

五、根据本条第三款，当颁发的国宝指定证书到达所有者手中后，所有者应在 30 天内向文部科学大臣交还曾为该国宝颁发的重要文化财指定证书。

第 29 条：重要文化财、国宝的解除指定

一、当重要文化财或国宝丧失其作为重要文化财或国宝的价值时，或有其他特殊原因的情况下，文部科学大臣可解除对其重要文化财或国宝的指定。

二、根据上一款所做的解除应在官方公报上予以公布，并通知该重要文化财或国宝所有者。

三、第 28 条第二款比照适用于根据本条第一款做出的指定解除。

四、根据本条第二款，在接到通知后，所有者应在 30 天内向文部科学大臣交还指定证书。

五、根据本条第一款，在被解除指定的国宝被指定为重要文化财的情况下，文部科学大臣应立刻向该重要文化财所有者颁发重要文化财指定证书。

2. 无形文化财

第 71 条：重要无形文化财的指定与相关认定

一、文部科学大臣可将无形文化财中重要的指定为“重要无形文化财”。

二、在根据本条第一款指定重要无形文化财时，文部科学大臣应为该重要无形文

化财认定持有者或持有团体。

三、根据本条第一款做出的重要无形文化财指定应在官方公报上予以公布，并通知该重要无形文化财持有者或持有团体代表。

四、在根据本条第一款指定重要无形文化财之后，如果认为还有人或团体符合该重要无形文化财持有者或持有团体的条件，文部科学大臣可追加认定持有者或持有团体。

五、本条第三款比照适用于根据上一款做出的持有者或持有团体追加认定。

第 72 条：重要无形文化财的解除指定与相关认定

一、在重要无形文化财丧失其作为重要无形文化财的价值时，或有其他特殊原因的情况下，文部科学大臣可解除该重要无形文化财的指定。

二、因持有者身心缘故、持有团体成员变更或有其他原因，导致该人员或团体不再适任时，文部科学大臣可解除对该持有者或持有团体的认定。

三、根据本条第一款做出的指定解除或根据本条第二款做出的认定解除应在官方公报上予以公布，并通知该重要无形文化财持有者或持有团体。

四、在重要无形文化财的某一位持有者身故或某一个持有团体解散的情况下，应默认其认定已解除；在全部持有者身故或全部持有团体解散的情况下，应默认该重要无形文化财的指定已解除。在这种情况下，文部科学大臣应在官方公报上公布该事实。

3. 民俗文化财

第 78 条：重要民俗文化财的指定

一、文部科学大臣可将有形民俗文化财中特别重要的指定为“重要有形民俗文化财”，将无形民俗文化财中特别重要的指定为“重要无形民俗文化财”。

二、第 28 条第一至四款比照适用于根据本条上一款做出的重要有形民俗文化财指定。

三、根据本条第一款做出的重要无形民俗文化财指定应在官方公报上予以公布。

第 79 条：重要民俗文化财的解除指定

一、在重要有形民俗文化财或重要无形民俗文化财丧失其作为重要有形民俗文化财或重要无形民俗文化财的价值时，或有其他特殊原因的情况下，文部科学大臣可解除对其重要有形民俗文化财或重要无形民俗文化财的指定。

二、第 29 条第二至四款比照适用于根据本条上一款做出的重要有形民俗文化财指定解除。

三、根据本条第一款做出的重要无形民俗文化财指定解除应在官方公报上予以公布。

4. 纪念物

第 109 条：史迹名胜天然纪念物、特别史迹名胜天然纪念物的指定

一、文部科学大臣可将重要的纪念物指定为“史迹”、“名胜”或“天然纪念物”（以下总称“史迹名胜天然纪念物”）。

二、文部科学大臣可将史迹名胜天然纪念物中特别重要的指定为“特别史迹”、“特别名胜”或“特别天然纪念物”（以下总称“特别史迹名胜天然纪念物”）。

三、根据前二款做出的指定应在官方公报上予以公布，并通知该史迹名胜天然纪念物或特别史迹名胜天然纪念物的所有者或基于产权的占有者。

四、如果根据上一款，需要单独通知的所有者过多，文部科学大臣可不必通知被通知者个人，而在该史迹名胜天然纪念物或特别史迹名胜天然纪念物所在的市（含特别行政区）镇村的官方告示栏或类似设施予以公布。在这种情况下，自根据上一款公布起两周后，即默认被通知者已得到通知。

五、根据本条第一款和第二款做出的指定，在根据本条第三款在官方公报上予以公布的当天生效。而对于该史迹名胜天然纪念物或特别史迹名胜天然纪念物的所有者或基于产权的占有者，该指定自根据第 3 款所做的通知到达之日起生效。

六、文部科学大臣在根据本条第一款做指定时，若该名胜或天然纪念物对于自然环境保护具有较高的价值，应咨询环境大臣。

第 110 条：史迹名胜天然纪念物的临时指定

一、在根据上一条第一款进行指定前，如都道府县教育委员会认为有紧急需要，可进行史迹名胜天然纪念物的临时指定。

二、都道府县教育委员会在根据上一款进行临时指定后，应立即报告文部科学大臣。

三、上一条第三至五款比照适用于根据本条第一款做出的临时指定。

第 111 条：对所有权的尊重和与其他公共利益的协调

一、文部科学大臣在根据第 109 条第一、二款的规定进行指定，或都道府县教育委员会在根据第 110 条第一款进行临时指定时，应特别尊重有关人士的所有权、矿业权及其他财产权，同时还应留意与国土开发及其他公共利益的协调。

二、如果文部科学大臣认为有必要，就名胜或天然纪念物所在地自然环境的保存及维护，可向环境大臣提出意见。如果文化厅厅长要表达同类意见，应通过文部科学大臣传达。

三、如果环境大臣认为有必要，就在自然环境保护方面价值较高的名胜或天然纪念物所在地的保存及灵活运用，可向文部科学大臣或通过文部科学大臣向文化厅厅长

提出意见。

第112条：史迹名胜天然纪念物、特别史迹名胜天然纪念物的解除指定

一、在史迹名胜天然纪念物或特别史迹名胜天然纪念物，丧失其作为史迹名胜天然纪念物或特别史迹名胜天然纪念物的价值时，或有其他特殊原因的情况下，文部科学大臣或都道府县教育委员会可解除对其史迹名胜天然纪念物或特别史迹名胜天然纪念物的指定或临时指定。

二、根据第110条第一款临时指定的史迹名胜天然纪念物在根据第109条第一款获得指定时，或临时指定生效后两年内未根据第109条第一款进行指定的情况下，该临时指定丧失效力。

三、当根据第110条第一款规定做出的临时指定被认为不当时，文部科学大臣可解除该临时指定。

四、第109条第三至五款比照适用于根据本条第一款或第三款做出的指定解除。

5. 文化景观

第134条：重要文化景观的选定

一、为了按照文部科学省的条例实行必要的保护措施，文部科学大臣可根据都道府县或市镇村的要求，在按照《景观法》（平成十六年（2004年）第110号法律）第8条第二款第1号规定设立的景观计划区域内，或按照《景观法》第61条第一款规定设立的景观地区内，将特别重要的区域选定为“重要文化景观”。

二、第109条第三至五款比照适用于根据本条上一款做出的重要文化景观选定。在这种情况下，第109条第三款中的“基于产权的占有者”应理解为第134条第一款中的“基于产权的占有者与都道府县或市镇村”。

第135条：重要文化景观的解除选定

一、在重要文化景观丧失其作为重要文化景观的价值时，或有其他特殊原因的情况下，文部科学大臣可解除对其重要文化景观的选定。

二、第134条第二款比照适用于根据本条上一款做出的选定解除。

6. 传统建筑物群

第143条：传统建筑物群保存地区的决定与保护

一、在根据《城市规划法》（昭和43年（1968年）第100号法律）第5条或第5条的2的规定划定的城市规划区域或准城市规划区域内，市镇村可决定“传统建筑物群保存地区”。为保存该区域，市镇村可根据政令所确定的标准，在自己的条例中决定对该地区现状变更进行的必要管制，并决定施行其它必要措施。

二、在城市规划区域或准城市规划区域以外，市镇村也可决定传统建筑物群保存

地区。上一款后半段的规定也比照适用于这种情况。

三、都道府县知事在根据《城市规划法》第 19 条第三款批准城市规划，包括根据本条第一款决定的传统建筑物群保存地区时，需事先听取该都道府县教育委员会的意见。

四、市镇村在决定或取消传统建筑物群保存地区，以及制定、修改、废除其条例时，应如实向文化厅厅长报告。

五、为保存传统建筑物群保存地区，文化厅厅长或都道府县教育委员会可向市镇村提供必要的指导或建议。

第 144 条：重要传统建筑物群保存地区的选定

一、根据市镇村的申请，文部科学大臣可将对于日本具有特别高价值的整个或部分传统建筑物群保存地区选定为“重要传统建筑物群保存地区”。

二、根据上一款做出的选定应在官方公报上予以公布，并通知相关市镇村。

第 145 条：重要传统建筑物群保存地区的解除选定

一、在重要传统建筑物群保存地区丧失其作为重要传统建筑物群保存地区的价值时，或有其他特殊原因的情况下，文部科学大臣可解除对其的选定。

二、上一条第 2 款比照适用于根据本条上一款做出的选定解除。

（参考）

○国宝以及重要文化财指定标准

（昭和二十六年（1951 年）5 月 10 日　文化财保护委员会公告第 2 号）

沿革：

昭和三十年（1955 年）5 月 25 日，文化财保护委员会公告第 29 号（第 1 次修订）。

昭和五十年（1975 年）11 月 20 日，文部省公告第 153 号（第 2 次修订）。

平成八年（1996 年）2 月 9 日，文部省公告第 6 号（第 3 次修订）。

平成八年（1996 年）10 月 28 日，文部省公告第 185 号（第 4 次修订）。

绘画、雕刻部分

重要文化财：

一、各时代遗产中制作优秀、在日本文化史上宝贵的作品。

二、为日本绘画、雕刻史上具有特别意义的资料。

三、在题材、品相、形状或是技法等方面显示出显著特异性的作品。

四、可以明显代表特殊作者、流派或是地方风格的作品。

五、外来作品中对于日本的文化具有特别意义的作品。

国宝：

重要文化财中制作极其优良并且具有特别深远文化历史意义的珍品。

工艺品部分

重要文化财：

一、各时代遗产中做工特别精良的工艺品。

二、在日本工艺史上或是文化史上特别贵重的珍品。

三、在形态、品相、技法或是用途等方面具有显著特异性的工艺品。

四、舶来品中与日本工艺史的发展密切相关并且具有深远意义的物件。

国宝：

重要文化财中制作极为精良并且在文化史上具有特别深远意义的珍品。

书法、典籍部分

重要文化财：

一、书法类中的皇室书信、汉名家笔迹、古代书法、墨宝、法帖等，被认为在日本书法史上具有代表性或是在日本文化史上珍贵的书法作品。

二、典籍类中的手稿、日本古书、汉书、佛典以及西洋古书的原本或是原件手稿，在日本文化史上珍贵的物件。

三、在典籍类中为印刷史上代表作的刻本，日本文化史上的珍贵物件。

四、书籍类、典籍类中，按照历史年代或是系统性归纳传承下来并在学术上有很高价值的作品。

五、舶来品中对于日本的文化具有特别意义的作品。

国宝：

重要文化财中具有很高的学术价值或在日本的文化史上属于特别珍贵的物件。

古文书部分

重要文化财：

一、古文书中被认为是日本历史上重要的文书。

二、日记、记录（包括绘图、家谱）的原件或是照抄的书稿，属于在日本文化史上珍贵的物件。

三、木质品、印章、金石文等，被认为具有很高的记录性、对学术研究很重要的物件。

四、古文书、日记、记录等，按照历史年代或是系统性进行整理后流传下来，并在学术研究上具有很高价值的物件。

五、舶来品，在日本的历史上具有深远意义的物件。

国宝：

重要文化财中具有很高的学术研究价值并且具有很深的历史意义的珍品。

考古资料部分

重要文化财：

一、陶器、石器、木器、用骨头、角、牙等制作的器具、玉器以及其他绳文时代和之前的文物，具有很高学术价值的物件。

二、铜铎、铜剑、铜钵以及弥生时代的文物，具有很高学术价值的物件。

三、古坟中的出土文物，以及其他时代的文物，具有很高学术价值的物件。

四、宫殿、官衙、寺院遗址、墓、经冢的出土文物以及其他飞鸟、奈良时代以后的文物，具有很高学术价值的物件。

五、舶来品，在日本的历史上具有深远的意义，并且具有很高学术价值的物件。

国宝：

重要文化财中具有很高的学术价值并且具有代表性的珍品。

历史资料部分

重要文化财：

一、在有关日本政治、经济、社会、文化、科学技术等各个领域重要事件的文物中具有很高学术价值的物件。

二、在有关日本历史上重要人物的遗物中具有很高学术价值的物件。

三、在有关日本历史上重要事件或是人物的遗物中，按照历史年代或是系统性进行整理后传承下来的、具有很高学术价值的物件。

四、舶来品，在日本的历史上具有深远的意义，并且具有很高学术价值的物件。

国宝：

重要文化财中具有很高的学术价值并且在历史上的意义极为深远的物件。

建筑物部分

重要文化财：

土木结构建筑物以及其他建筑物中，符合下列一条并且是所属时代或是类型的代表物品。

一、匠心独运且优秀。

二、在技术方面十分优秀。

三、具有很高的历史价值。

四、具有很高的学术价值。

五、在流派或是地方特色方面十分显著。

国宝：

在重要文化财中属于极其优秀，并且具有深远文化意义的建筑物。

○指定重要无形文化财以及认证持有者和持有团体的标准

（昭和二十九年（1954 年）12 月 25 日 文化财保护委员会公告第 55 号）

沿革：昭和五十年（1975 年）11 月 20 日，文部省公告第 154 号（第 1 次修订）。

重要无形文化财的指定标准

艺能（表演艺术）方面

一、音乐、舞蹈、戏剧以及其他艺能中符合下列一条者。

（1）具有很高艺术价值。

（2）在艺能历史上占有重要的地位。

（3）具有很高的艺能价值或是在艺能历史上占有重要的地位，并且具有显著的流派或是地方特色。

二、在上一条款中艺能成立的情况下，作为构成其重要要素的技法且特别优秀者。

与工艺技术相关的方面

陶艺、染织、漆艺、金属工艺以及其他工艺技术中符合下列一条者。

一、具有很高艺术价值。

二、在工艺史上占有特别重要地位。

三、具有很高艺术价值，或是在工艺史上占有很重要地位并且具有显著地方特色。

认证重要无形文化财持有者或是持有团体的标准

与艺能相关的方面

持有者：

一、能够高度体现出被指定为重要无形文化财的艺能或是艺能技法（以下简称为艺能或是技法）者。

二、正确掌握了技能或是技法，并且十分精通者。

三、两人以上为一体能够高度体现艺能或是技法时，构成这些技能或技法团体的人员。

持有团体：

艺能或是技法在其性质上不具有很明显的个人特色，且保持该艺能或是技法者有多人时，这些人员为主要组员所构成的团体。

与工艺技术相关的方面

持有者：

一、能够体现被指定为重要无形文化财的工艺技术（以下简称为“工艺技术”）者。

二、正确体现工艺技术，并且对此很精通者。

三、三人以上为一体能够高度体现艺能或是技法时，构成这些技能或技法团体的人员。

持有团体：

在工艺技术的性质上个人特色不明显，并且保持该工艺技术者为多人时，这些人员为主要组员的团体。

○指定重要有形民俗文化财的标准

（昭和二十九年（1954 年）12 月 25 日　文化财保护委员会公告第 58 号）

沿革：昭和五十年（1975 年）11 月 20 日，文部省公告第 155 号（第 1 次修订）。

一、在下列所示的有形民俗文化财中，其形状和样式、制作技法、工法等表现出国民的基本生活文化特色，并且具有代表性的物件。

（1）用于衣食住的物品，例如：衣服、装饰性物品、饮食用具、光热用具、家具摆设、住宅等。

（2）用于生产、手工艺的物品，例如：农具、渔具、打猎用具、工匠用具、纺织用具、制作地点等。

（3）用于交通、运输、通信的物品，例如：搬运工具、舟船、车辆、信使用具、关卡等。

（4）用于交易的物品，例如：计算用具、计量用具、广告牌、证书、店铺等。

（5）用于社会生活的物品，例如：答谢用具、警备用具、刑罚用具、古代年轻人宿营地等。

（6）用于信仰的物品，例如：祭祀用具、法会用具、供品物、偶像类、巫术用具、社稷用具等。

（7）用于有关民俗知识的物品，例如：日历类、占卜用具、医疗用具、教育设施等。

（8）用于民俗艺能、娱乐、游戏的物品，例如：服装、道具、乐器、面具、人形、玩具、舞台等。

（9）用于有关人的一生的物品，例如：生育用具、婚庆丧礼用具、产房等。

（10）每年例行庆典的用具，例如：正月用具、节气供奉用具、盂兰盆节用具等。

二、在前项所示有形民俗文化财的收集中，其目的、内容等符合下列任一条款的特别重要物件。

（1）能够表现出历史变迁。

（2）能够表现出时代特色。

（3）能够表现出地方特色。

（4）能够表现出各阶层生活特色。

（5）能够表现出其作用的情况。

三、在与其他民族相关的在前两项规定的有形民俗文化财或是收藏品中，与日本国民生活文化有很重要关系者。

○指定重要无形民俗文化财的标准

（昭和五十年（1975 年）11 月 20 日　文部省公告第 156 号）

一、风俗习惯中符合下列任意一条的即为特别重要无形民俗文化财。

（1）在来源、内容等方面能够典型表现出日本国民基本生活文化特色的。

（2）每年例行的庆典、祭礼、法会等举行的仪式，能够表现出基本艺能的。

二、民俗艺能中符合下列各条之一的，为特别重要的民俗艺能。

（1）能够显示出艺能的发生或是成立。

（2）能够显示出艺能变迁的过程。

（3）能够显示出地方特色。

○指定特别史迹名胜天然纪念物以及史迹名胜天然纪念物的标准

（昭和二十六年（1951 年）5 月 10 日　文化财保护委员会公告第 2 号）

沿革：

昭和三十年（1955 年）5 月 25 日，文化财保护委员会公告第 29 号（第 1 次修订）。

平成七年（1995 年）3 月 6 日，文部省公告第 24 号（第 2 次修订）。

史迹：

在下列所示史迹中，对于理解日本的历史是不可欠缺的，并且其遗迹的规模、残存的古建筑物结构等具有学术价值的史迹。

一、贝冢、古村落群、古坟以及其他此类的遗迹。

二、郡城遗迹、古代政府机构遗址、古城遗址、古衙门、战争遗址以及其他有关政治的遗址。

三、寺院等遗址或是就国家遗址内有关古代其他祭祀信仰的遗址。

四、学校、研究设施、文化设施以及其他有关教育、学术、文化的遗址。

五、医疗、福利设施以及其他关于社会、生活的遗址。

六、交通、通信设施、治山、水利设施、生产设施以及其他有关经济、生产活动的遗址。

七、坟墓以及墓碑。

八、旧宅院、园林池塘以及其他具有特别渊源的地区。

九、有关外国以及外国人的遗址。

特别史迹：

史迹中具有很高的学术价值，足以成为日本文化象征的物件。

名胜：

在下列所示的名胜中，展现日本无与伦比美丽国土不可或缺的，在其自然景致中优秀的风情景观，或是具有很高艺术或是学术价值的名胜。

一、公园、庭院。

二、桥梁、堤坝。

三、花树、花草、红叶、绿树等丛生的地点。

四、鸟兽、鱼虫等栖息的地点。

五、岩石、洞穴。

六、峡谷、瀑布、溪流、深渊。

七、湖沼、湿地、浮岛、涌泉。

八、沙丘、沙嘴、海滩、岛屿。

九、火山、温泉。

十、山岳、丘陵、高原、平原、河川。

十一、展望地点。

特别名胜：

名胜中价值特别高的。

天然纪念物：

下面所示的动物、植物以及地质矿物中在学术上比较珍贵的，可以纪念日本自然的天然纪念物。

一、动物。

（1）为日本特有的动物、有名的动物及其栖息地。

（2）虽然不是特有品种，但为日本著名的动物及其栖息地，有必要加以保存的动物及其栖息地。

（3）自然环境中特有的动物或是动物群。

（4）日本特有的豢养动物。

（5）从国外被移植到日本，现在为野生状态的有名的动物及其栖息地。

（6）特别珍贵的动物标本。

二、植物。

（1）名树、巨树、畸形树、栽培植物的原始树木、林荫树、寺院树林。

（2）具有代表性的原始森林、稀有森林植物区系。

（3）具有代表性的高山植物带、特殊岩石地区植物群落。

（4）具有代表性的原野植物群落。

（5）典型的海岸以及沙滩地植物群落。

（6）典型的泥炭形成植物发生地区。

（7）自我生长在洞穴中的植物群落。

（8）池塘、温泉、湖沼、河、海等中的珍奇水草类、藻类、海苔类、微生物等生长的区域。

（9）明显生长附生草木的岩石或是树木。

（10）明显的植物分布边际土地。

（11）明显的栽培植物的自然生长地。

（12）珍稀或是濒临灭绝植物的自然生长地。

三、地质矿物。

（1）岩石、矿物以及花式的产出状态。

（2）整齐以及不整齐的地层。

（3）地层的褶曲以及逆冲断层。

（4）由于生物作用的地质现象。

（5）有关地震断层以及地壳运动的现象。

（6）洞穴。

（7）岩石组织。

（8）温泉及其沉淀物。

（9）有关风化以及侵蚀的现象。

（10）由于硫气孔场以及火山活动产生的现象。

（11）由于冰雪霜地质因素而产生的现象。

（12）特别珍贵的岩石、矿物质以及化石标本。

四、在应加以保护的天然纪念物中富有代表性的某些区域（天然保护区）。

特别天然纪念物：

天然纪念物中具有很高世界性或是国家性价值的纪念物。

○批准重要传统建筑物群保存地区的标准

（昭和五十年（1975年）11月20日　文部省公告第157号）

在形成传统建筑物群保存区域中符合以下各条中任意一条者。

一、传统建筑物群在整体上都体现出匠心独运的优秀的建筑物。

二、传统建筑物群以及分区均很好地保持了旧貌。

三、传统建筑物群以及周围环境显著地表现出当地的特色。

第二节 登录制度

（一）文化财登录制度的主要内容与目的

现有文化财保护制度的中心是指定制度。虽说如此，对于近代形式多样且大量的文化财，经过了漫长的岁月，人们对其在历史上的重要性已早有定论，提出保护请求的也不在少数。另外，由于近年开发的进展、生活方式的转变等，有不少文化财在受到社会评估后不久，即处于消失的危机中。为了应对这样变化多端的情况，国家决定通过完善以往的指定制度，力图达到保护这些近代文化财的目的。但是，为了将国民珍贵的文化财广泛地传承给下一代，只依靠指定制度显然是力不从心的，还需要利用多种形式进行文化财的保护。因此，国家决定通过修订《文化财保护法》，建立文化财登录制度，作为与指定制度互补的制度，采取以申报制度和指导、建议、劝阻等为主要形式的宽松的保护措施。

文化财登录制度是在平成八年（1996 年）形成的，是较新的保护和有效利用文化财的制度。其目的是将文化财作为资产以及文化进行有效利用，并宽松地予以守护。登录制度建立以后，一开始可以成为登录文化财对象的只是有形文化财中的建筑物等，根据修改后的《文化财保护法》，又将建筑物之外的有形文化财（美术工艺品）、有形民俗文化财、纪念物也添加到了登录制度中。

另外，因为登录制度与指定制度互补，所以，对于国家以及地方政府指定的重要文化财等，因为是已经被指定的文化财，将不作为登录对象。此外，被登录的建筑物，其后被国家以及地方政府指定时，也要取消登录。

表 2－5 指定文化财和登录文化财的对比

指定文化财制度	目的	严格筛选重要文化财并予以保护。
	特征	在加以严格制约的同时，还准备优厚的补偿制度。
	问题	指定制度执行的是严格筛选特别重要的文化财的严格审查主义，其对象是经过充分评估的文化财，所以，如近代文化财那样种类繁多并且还没有进行充分评估的物件，以及现存的很多物件是不能通过指定制度得到保存的。

续表

登录文化财制度	目的	为了更广泛地将文化财流传到未来，作为指定文化财制度的补充制度而建立的。
	特征	大范围地登录那些认为有必要采取保存措施的建筑物，采取宽松的保护措施，根据情况持续进行指导建议以及劝告等，使所有者自发地进行保存。登录文化财制度相对于指定文化财制度制约较少，同时援助措施也相对减少。特别是对于修复等的补贴制度，只支付其二分之一的设计监理费。除此之外，只是在固定资产税、继承财产评估费用方面有减免措施。
	程序	登录对象为没有采取其他保存措施的文化财（即没有被国家、地方政府指定的文化财）。在听取地方政府意见的基础上，经过国家文化财保护审议会的询问、答辩程序，便可以登录在文化财登录底账上。

（二）登录有形文化财之建筑物

目前登录制度的对象仍以有形文化财中的建筑物为主。这是因为近年来，由于国土开发、经济发展等原因造成大量近代建筑物处于被拆除的岌岌可危的状态中，所以大量的近代建筑物需要采取紧急保护措施，地方政府以及学会等也强烈要求按照制度规定对其进行保护。

虽然登录的对象是以近代建筑物为中心，近代之前的建筑物也包含在登录对象中。从日本建筑学会（社）以及土木学会（社）等相关学会进行的调查结果判断，在现阶段可能成为登录对象的物件在日本全国大约有 2.5 万件。目前，在这些物件中，被相关学会等给予了高度评价以及有消失危险的物件大约有 0.25 万件，这些应该及早进行登录，采取保护措施。

登录制度是基于近年来经济社会发展以及生活方式转变所带来的影响，为加强对还未得到社会认可就有可能消失的文化财的修复保护，使其得以流传后世而建立的。尤其是很多还没有得到充分鉴定的近代建筑物就在持续不断的开发中纷纷遭遇了危机，这也是在这些建筑物没有消失之前引入登录制度的理由。

1. 登录有形文化财（建筑物）的现状

根据平成二年（1990 年）东京都进行的在东京市中心的千代田区、中央区、港区、新宿区、台东区 5 个区的调查，以及在日本建筑学会出版的《日本近代建筑总览》（1980 年）中的记载，具有历史价值的建筑物在 5 个区的合计是 1016 件，能够确认还存在的有 417 件，确认已经消失的有 539 件，不明去向的有 60 件，十年间的消失率为 53.1%。另外，在同一本资料中记载的北海道札幌市、函馆市、旭川市三个城市中具有历史价值的建筑物为 337 件，根据日本建筑学会北海道分会在平成三年（1991 年）

至平成四年（1992年）进行的调查，确认三市中还存在的合计为251件，确认已经不存在的为86件，消失率为25.5%（表2-6）。由此可见，在高速开发和生活方式急剧变化的大约十年时间内，那些历史重要性正在被逐渐认识的很多近代建筑物，在还没有来得及得到社会的评估就已经消失的无影无踪了。

表2-6　具有文化财价值建筑物的消失情况举例

(1) 东京都的调查（平成二年（1990年））

对千代田区、中央区、港区、新宿区、台东区内建筑物的调查

年代	情况	建筑物数量（5区合计）
1980年	对象数	1016
1990年	确认存在	417
	确认消失	539
	情况不明	60
	消失率（%）	53.1

2. 日本建筑学会北海道分会的调查（平成五年（1993年））

对札幌市、函馆市、旭川市内建筑物的调查

年代	情况	建筑物数量			
		札幌市	函馆市	旭川市	合计
1980年	对象数	142	148	47	337
1991~1992年	确认存在	97	123	31	251
	确认消失	45	25	16	86
	消失率（%）	31.7	16.9	34.0	25.5

注：所有的调查都是依据日本建筑学会编《日本近代建筑总览》中对具有历史价值的建筑物的跟踪调查。

2. 促进登录

鉴于这种情况，于平成八年（1996年）修改的法律，对于建筑物建立了登录文化财的制度，在10月1日开始实施后的不久，于11月15日即由文化财保护审议会对最初的登录物件给予了答复并由文部科学大臣进行了登录。此时登录的件数为118件（72处），各时代的情况分别为：江户时代3件、明治时代47件、大正时代39件、昭和时代29件，其类型跨越各个领域。以下是主要物件的示例。

第一产业：小岩井农场总部事务所等（岩手县雫石镇）、

若宫井路笹田石拱桥（大分县竹田市）

第二产业：两关造酒本馆等（秋田县汤泽镇）

第三产业：向泷玄关等（福岛县会津若松市）

交通：旧日本国有铁路佐贺线筑后川桥梁（福冈县大川市/佐贺县诸富镇）、萩城站大厦（山口县萩市）

政府办公场所：群马县政府官厅（群马县前桥市）

学校：东京大学大讲堂（安田讲堂）（东京都文京区）

民生相关：水户市自来水低区供水塔（茨城县水户市）

文化福利：南座（京都府京都市）

住宅：室谷家住宅主要房屋等（兵库县神户市）

宗教：津和野天主教教会（岛根县津和野镇）

文化财保护审议会对指定重要文化财（建筑物）的答复一般是分为春秋两次进行，但是其对于登录文化财却一改以往的节奏而进行咨询答复，这是为了应对近代建筑物正在快速消失这个事态而采取的积极对策。在平成八年（1996 年）11 月的答复之后，截止到平成十年（1998 年）12 月 31 日，共进行了 15 次登录，登录件数为 1045 件。其后的登录也快速进行着，截止到平成二十三年（2011 年）6 月 1 日，登录件数为 8331 件。

（三）文化财登录制度的概要、结构

1. 登录标准

登录标准是在登录文化财时，对其是否符合需要登录的要求进行判断的标准。

在“登录有形文化财标准”中，建筑物、土木构造以及其他建筑物（不包括重要文化财以及地方政府指定的文化财）在建设后经过 50 年，并且满足下列任意一条时，即可作为登录对象。

（1）有助于国土的历史性景观者①。

（2）成为造型的典范者②。

（3）不易再现者③。

---

① 指的是人们认识到其物件的存在会形成国土上地方独有的历史性景观。例如在绘画、照片、电影、文学、歌谣等中经常引用的物件、成为地名由来等具有对土地的理解有密切关系的物件、具有特别的爱称等在当地中广为人知的物件。

② 指的是在现在或是过去的某个时点进行建设行为时，作为规范被认识的物件。例如，构成建筑物各部分比例以及构思优秀的物件、有名的设计者或是施工者参与建设的物件、之后成为某种类型初期的建筑物、在各个时代或是类型上被认为具有特色性质的物件。

③ 指的是由于建成后经过了很长的时间（以 100 年为标准），现在完成同样的建筑需要大规模资金，或是非常难以完成的建筑物。例如，在建设时所用的技术以及技能水平很高的物件、使用在现在很少用到的技术以及技能的物件、在形态以及构思上属于特例或是特异、稀有的物件。

表 2－7 登录有形文化财建筑物的登录标准

标　准		作为参考的具体事例
建成后经过50年	有助于国土的历史性景观	·因特别的爱称等而广为人知 ·当地因此建筑物而出名 ·屡屡出现在绘画、小说等艺术作品中
	成为造型的典范	·建筑设计特别优秀 ·与著名的设计师以及施工者有关 ·后世建筑物模仿的原物 ·显示了时代以及建筑物种类特征
	不易再现	·利用的是卓越的技术和技能 ·利用的是现在不常用的技术和技能 ·在形状以及设计方面很稀有

“国宝以及重要文化财指定标准”是从国家的角度，特别是从选定出重要文化财的角度细分各项标准，在构思、技术等特定的方面中要求其物件必须十分卓越。而登录标准，在特定的方面可以说没有卓越性的要求，但是整体上来说，因为需要甄选出有保存价值者，所以，其综合性的提出了各项的必要条件。

另外，根据平成十六年（2004 年）修改的法律，在登录制度扩大到了建筑物之外的有形文化财后，根据平成十七年（2005 年）文部科学省公告第44 号，对建筑物之外的有形文化财的登录标准规定如下。

建筑物之外的有形文化财（不包括重要文化财以及地方政府指定的文化财）满足下列一条者。

（1）具有文化史上的意义。

（2）具有学术价值。

（3）具有历史意义。

平成十八年（2006 年）3 月，文化财保护审议会对文部科学省咨询的 4 种美术工艺品的登录进行了答复，根据这个答复，第一次将以下的建筑物之外的物件作为登录文化财进行了登录。这些物件分别是工艺品中有田瓷器（柴田夫妻珍藏品）10311 件，考古资料中的飞驒地区考古资料（江马修蒐收集）9524 件，历史资料中的建筑教育资料（京都大学工学部建筑学教室旧藏）2653 件、洋片 5652 件。

2. 登录以及取消登录的手续

截止到平成十年（1999 年）10 月底，登录文化财已经超过了一千件（包括收到答复正在办理手续的）。在此之前，进行登录的是以日本建筑学会在全国调查后而广为人知的物件为中心，现在很多不为众人所知的物件因持有者以及当地市镇村提出了申请，也进入到了登录程序。在此以建筑物为例介绍登录手续的流程以及希望登录身边历史性建筑物时，都需要准备哪些必要的资料等。

首先看下可以登录的是什么样的物件。在此建筑物的概念是建筑物、土木结构的建筑物、其他人工建成的物件等，按照这个概念解释的话，那就是包括一般建筑、桥梁、隧道、大坝等，以及这些物件的附属物比如门窗、围墙等。而且，这些对象物件中满足一定标准的物件可以成为候补登录物件。其标准如上表 2 –7 所示，满足相关标准即可进行登录。

履行登录手续时，需要事先听取相关地方政府（文化财所在的都道府县、市镇村等）的意见。因为地方政府实施的是自我创建的登录制度，这就需要考虑到国家登录和地方政府的登录不要重复，不给所有者造成双重制约的负担，包括确认将来该地方政府有无根据《文化财保护条例》指定其文化财的计划，确认有关登录事项意向等。在满足登录标准的同时，进行登录时还必须得到所有者的同意。

在这些条件都满足的情况下，便可以进入办理登录手续的程序。办手续的窗口就在建筑物所在的市镇村，通过这里与都道府县、文化厅取得联系。如果对于相关需要进行登录的建筑物已经进行了一些学术调查、通过学会等进行了列表的话，可以凭借这些数据以及相关的意见办理登录手续。

若建筑物还没有进行过上述那些学术调查的话，可以请地方上的专家（市镇村的文化财保护审查委员、一级建筑师、历史专家等）出具一个简单的意见（一页 A4 纸即可），将此作为市镇村或是都道府县向文化厅提交的所要求的登录手续规定的资料。在此过程中，因为要编制登录底账上的图，所以也有要求出具图纸的情况，这种情况不需要出具建筑物的详图，而是如图 2 –3 所示那样，只要注明占地面积和与建筑物的关系，登录对象所在的范围即可。接下来，在受理了登录手续的文化厅，开始准备咨询文化财保护审议会。进行登录时，必须要经过文化财保护审议会的审查，即审查所提交的各个物件是否满足登录标准。在现阶段，每年大约有六次审查登录建筑物的机会，同时也要依据审议会的日程安排，但是从开始咨询到答复一般会在一两个月之内完成，在提交答复的同时，公开结果。

其后，编制出登录底账，根据这个底账，发布官方公告，根据这个官方公告，文化财作为登录文化财的效力开始生效，但是对于所有者，是从收到通知之时开始生效。

接下来是向所有者交付登录证和登录底账的复印件。到此为止，是法律规定的一系列程序，为了使登录物件更加广为人知，还需向所有者交付登录铭牌。

以上就是登录的流程，登录的目的是让更多的建筑物得到保存，同时希望能够在更广范围听到推荐登录的声音。

另一方面，当登录建筑物因特大灾难损毁或消失，重建后失去了作为登录建筑物的价值，或者为了确保其他公益及安全而不得已被毁掉时，可以取消登录。对于通过了国家以及地方政府指定的登录建筑物，也可以像上述流程那样取消登录。

关于取消登录也是同样，从在官方报纸上公布之日开始生效，对该建筑物所有者，是从通知抵达之日开始生效。

图 2－2　文化财登录流程概要

（1）登录之前

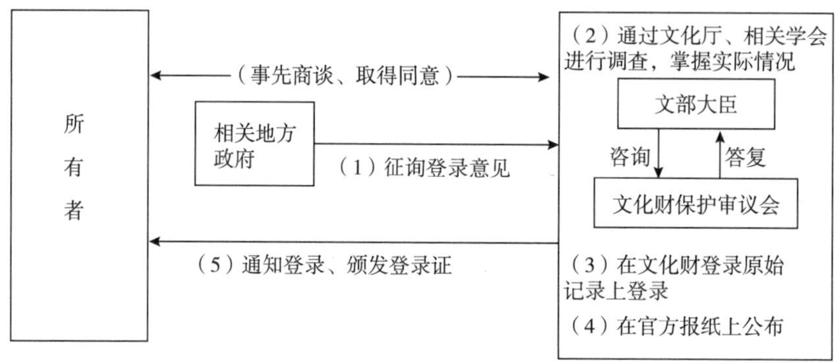

（2）登录之后

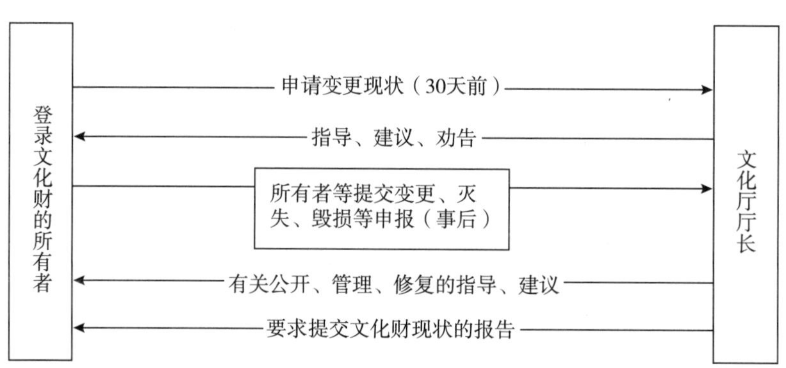

图 2-3 办理登录手续时所需图纸（示例）

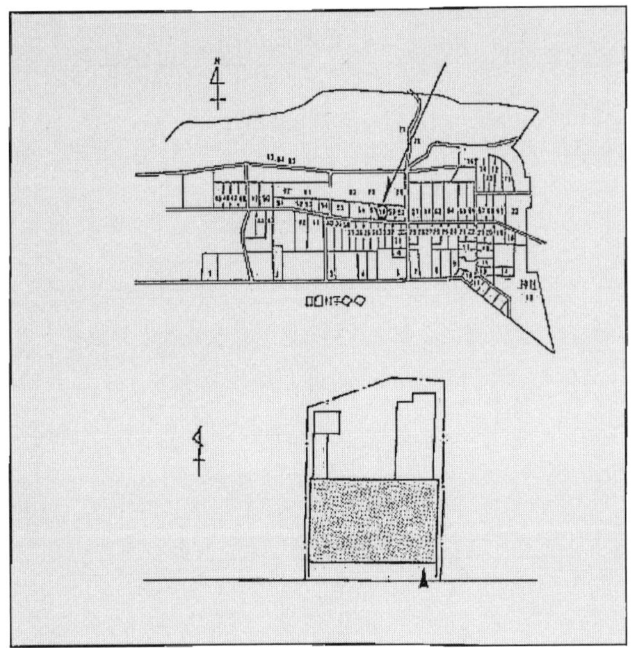

图 2-4 登录底账表（示例）

<table>
<tr><td colspan="3">登录编号：13-0088</td></tr>
<tr><td>1</td><td colspan="2">名称：XXX 电气化铁路 XXX 站内建筑</td></tr>
<tr><td>2</td><td>登录日期
底账记录： 年 月 日
发布公告： 年 月 日
（文部省公告 号）
通知： 年 月 日
（ 号）</td><td>注销日期
注销底账： 年 月 日
发布公告： 年 月 日
通知： 年 月 日
（ 号）</td></tr>
<tr><td>3</td><td colspan="2">所在地区：东京都 XX 市大字 XXX1234・25</td></tr>
<tr><td>4</td><td colspan="2">所有者姓名或名称：XX 电气化铁路株式会社
所有者地址：XX 市 XX 町 789-1</td></tr>
<tr><td>5</td><td colspan="2">结构、形式：木结构 2 层建筑、瓦屋顶
建筑面积：1234 平方米</td></tr>
<tr><td>6</td><td colspan="2">建设年代或是时代：昭和十年</td></tr>
<tr><td>7</td><td colspan="2">其他可作为参考的事项</td></tr>
</table>

图 2－5 登录证（示例）

登录证

年 月 日登录

登录编号：第 13－0088 号

XXX 电气化铁路 XXX 站内建筑 一栋

根据《文化财保护法》第 56 条的 2 第一款的规定，在文化财登录底账上登录上述文化财，特此证明。

1999 年 10 月 10 日

文部部长 有马 朗人

（扉页）

所有者姓名或是名称	XX 电气化铁路株式会社
所有者地址	XX 市 XX 町 789－1
登录建筑物所在地的地址	东京都 XX 市大字 XXX1234・25
交付或重新交付登录证的日期	1999 年 10 月 10 日

变更事项	变更后所有者姓名或名称	变更日期

备注

发生下列情况时，根据《文化财保护法》的规定，必须提出申请并交回登录证。

1. 变更登录有形文化财的所有者时。

2. 变更登录有形文化财所有者的姓名、名称或是地址时。

（内页）

图2－6　登录铭牌（示例）

3. **可成为登录对象的建筑物种类**

（1）建筑物：住宅、办公场所、工厂、寺院、公共建筑物等

（2）土木结构建筑物：桥梁、隧道、闸门、防水堤、大坝等

（3）其他建筑物：烟囱、围墙、瞭望塔等

上述（1）～（3）的种类包括第一产业、第二产业、第三产业、交通、政府办公场所、学校、生活设施、文化福利设施、住宅、宗教设施、水土流失防洪设施、其他12个种类。

4. **登录建筑物的管理以及修复**

登录建筑物的所有者需按照《文化财保护法》以及相关省令的规定①，对登录建筑物进行管理。所有者某个时期在国外或是有其他特别情况时，可以将登录建筑物的管理责任委托给自己选择的合适人选（此人称为“管理责任者”）。

另外，在不能明确登录建筑物的所有者时，或是所有者以及管理责任者的管理明显有困难或是不妥当时，在接到地方政府提交的记录有这种情况的书面报告后，文化厅厅长在听取地方政府的意见，征得该建筑物的所有者以及基于产权的占有者的同意后，可以指定合适的地方政府以及其他法人（此团体称为“管理团体”）对该登录建筑物进行妥善保存上的管理。在指定管理团体时，需要将其指定公布在官方报纸上，

① 规定在“文化财登录原始记录”上，需要记录：1. 登录建筑物的名称以及数量；2. 登录日期以及编号；3. 登录建筑物所在场所；4. 所有者姓名或是名称以及地址；5. 登录建筑物的结构、形式以及大小；6. 登录建筑物的年代或是时代；7. 其他可成为参考的事项。另外，如果一般要求阅览时可以提供。

并通知到所有者、占有者以及被指定的地方政府。解除指定的管理团体时也是同样，需要将解除事项公布在官方报纸上，并通知到所有者、占有者以及被指定的地方政府。

管理团体以及管理责任者与所有者同样，必须按照《文化财保护法》以及有关省令的规定管理登录建筑物。

另外，为了登录建筑物在将来也能维持良好状态，所有者除了进行妥善管理之外，还必须进行周期修复。原则上是由所有者修复该建筑物，但是，当指定有管理团体时，规定管理团体必须听取所有者等对修复方法的意见修复该建筑物。

5. 对所有者制约的内容

在登录之后，其建筑物的所有者在遇到下列情况时，必须事先或是事后向文化厅厅长提交申报。

（1）计划变更建筑物的现状时。

（2）建筑物已经损毁或是消失[①]时。

（3）选聘或是解聘管理责任者时。

（4）所有者变更时。

（5）管理责任者变更时。

（6）所有者或是管理责任者的姓名、名称或是地址变更时。

除此之外，还赋予所有者在取消登录后，要将登录证返还给文部大臣的义务，以及变更所有者时将登录证转交给新所有者的义务等。

即使在变更现状时，规定在符合维持措施时、因处于特大灾难需采取必要的应急措施时、根据其他法令规定的变更现状命令而采取措施时，可以不提交申请。“维护措施”说的是对于登录建筑物在变更现状中产生的物理上的变更，直接变化只限于小规模范围内，没有影响文化财价值的行为。具体的是以下所示的情况。

（1）毁损的范围为能够看得见登录建筑物原状（对于登录后申请变更现状的建筑物，为变更该现状后的原状）外观的四分之一以下时。

（2）登录建筑物已处于毁损状态或是能够清楚预料到将要毁损时，为了防止该毁损的扩大或是发生而采取应急措施时。

文化厅厅长在接到变更现状的申请时，根据需要可以提出指导、建议或是劝告，在得到所有者配合的同时达到妥善保护登录建筑物的目的。

另外，如上所述，登录建筑物的管理、修复原则上是由所有者自行解决，为了保

① “消失”指的是由于灾害等原因，建筑物完全丧失了作为登录建筑物的价值。另外，“毁损”指的是登录建筑物有相当程度的损坏或是损伤。

持作为登录建筑物的价值，通常最好是采取最为恰当的方法。因此，所有者在管理、修复该建筑物时，规定为了使所有者能够进行妥善的管理以及修复，文化厅厅长可以对所有者进行技术指导。

再者，所有者也可以进行登录建筑物的公开展示，当认为所有者自主进行的公开展示不妥当时，为了所有者能够顺利进行公开展示且在展示中不出现问题，文化厅厅长除了可以进行指导、建议之外，也可以对公开展示的管理做出指导、建议。此外，如果该建筑物的外观通常从公共空间可以看得见的话，可以认为是适当的公开展示。

除此之外，文化厅厅长可以要求所有者提交汇报登录建筑物的现状或是管理、修复情况的报告。

6. 关于国有建筑物的特例

关于属于国家的建筑物等国有财产的管理等，适用《国有财产法》中关于财政、会计的各种法令，其中规定了有关该管理所辖权限等。从保护文化财的角度来看，在制定有关国有财产管理的处理规定时，有必要在这些法令规定之间进行调整。

因此，在修订法律时，特别规定了登录国有建筑物时的通知，或是颁发登录证由各个省长官执行，将有关各省长官对获得登录建筑物的通知的处理等，设立了国家所需的特例。

（四）登录文化财的有效利用

1. 什么是有效利用文化财

有效利用文化财即“广泛传播其文化财的价值、魅力，在社会上产生影响”。近年来文化财保护的重点在于“公开、有效利用”，包括文化财的保持并持续使用、大范围公开，以及利用文化财创造新的价值。

具体说来，可以通过参与和计划对本地居民、志愿者、NPO（非营利组织）等组织的保护、管理、有效利用文化财的活动，同时增加有效利用重要文化财、重要传统建筑物群、登录有形文化财的活动。

2. 有效利用登录文化财

登录文化财除了种类繁多、外观可有大的改变之外，对于管理、公开展示方面的制约很少，所以与重要文化财相比自由度很高，可以积极地进行有效利用。通过公开、有效利用各种登录文化财，可以进一步增加国民对文化财的关心，以及对保护文化财措施的理解。有效利用登录文化财可以包括以下几种形式。

（1）“作为街区的招牌”——塑造本地区景观的重要元素。

（2）“保持和公开其功能”——在保持建筑物原有的功能下公开。

（3）“乐享空间”——体验建筑物空间的魅力。

（4）“街区的交流空间”——进行街区规划、用于观光景点。

（5）“培育艺术文化”——用于文化设施。

（6）“活跃于现代社会”——复合型利用①。

3. 今后发展的方向

如果以经济和便利的名义随意破坏城市的植被和水系、历史传统街道等构成城市魅力的物件，造就同一个模式的城市，日本的城市就会毫无特点，失去魅力。经过反思，就出现了一种趋势，那就是实行重视自然环境以及城市景观，将当地的文化财作为珍贵的物件进行保护，并灵活运用这些文化财的城市规划。

由自然和历史孕育的这些当地的文化财，如江户时代的寺院、神社，明治之后的欧式建筑、办公楼房、桥梁等无处不在，已经融入了人们的日常生活中且广为人知。也就是说，这些建筑物没有什么特别之处，大多是与现代社会生活以及日常生活息息相关的建筑物，正因如此，这些建筑物也处于容易直接受到社会变迁影响的状态。在保存这些建筑物方面，从长远考虑的话，首要的是当地所有人都要意识到在我们身边都有哪些是文化财，其次当地政府也要通过灵活运用文化财保护制度，将文化财建筑物作为核心推进城市建设。

在广泛地灵活运用文化财方面，需要完善的就是传统建筑物群保存地区制度，以便能够保存具有历史性的村庄街道，并以此为中心进行城市建设。但是，对于大面积范围内散在有多数文化财的情况，这个制度不一定适用。这时就应该通过登录这些为数众多的散在的建筑物，大面积实质性地保存这些建筑物。

另外，为了广泛地保护这些有价值的文化财，对文化财修复的设计监理以及施工等的要求会越来越多，这就需要培养具有丰富知识和经验的技术人员以及具体施工人员。另外，还需要建立一种促使一般建筑师也加入到保护文化财中的资格认证制度。作为文化厅，应该积极地推行这个制度，使其能够有效地发挥作用。

（五）文化财登录制度的相关问题及对策

1. 登录件数的增长显著放缓

从平成八年（1996 年）到平成二十年（2008 年）期间，仅大阪府平均每年登录的物件就有 40 件，但是到了平成二十一年（2009 年）之后，年平均只有 6 件左右。同时，向文化厅提交了资料，但没有履行完程序的“待定项目”在持续增加。

① 摘自文化厅《对有效利用文化财建筑物采取的措施、有效利用建筑物实例第 2 集》（平成十六年（2004 年））。

针对这样的结果，市镇村对于文化厅每年三、四次的文化财登录后补项目的查询，其回答的次数（申请数）也很低，甚至屡次出现零答复的现象。另一方面，关于待定项目，即使是为了不辜负所有者想要通过登录实现保存的意愿，也还是需要进行多次调查才能完成程序。

出现这种变化的原因主要是登录程序有了如下方面的变化。

（1）通过调查等整理出严谨的资料

关于资料，是文化厅从开始咨询起就反复提醒的注意事项，尤其是关于调查所见，对于建筑物的由来、建筑时期、构造及其变化以及根据这些而产生的价值等的资料，都被要求要有很详细的内容和足够的分量。

（2）所委托调查、制图的研究者、建筑师等的人选

大部分所有者需与本地的市镇村教育委员会洽谈，接受审议会委员等学术研究者的介绍，与委托修复以及改建的建筑事务所进行面谈，备齐图纸、资料等。但是，经过审查其内容，发觉有很多过于简单，通篇都只是有关建筑物的说明，没有触及到其特性以及价值，内容很空洞，调查者也只是在所给与的条件范围内进行调查。因此，需要根据建筑物的建设时期、种类等，委托具有很高专业知识的研究者、建筑师进行调查。

（3）登录程序中产生的费用问题

在制作详细资料过程中，会产生比以往更多的费用问题。尤其是成为待定项目，需要再次调查时，会再次重复在此之前的程序，并且还可能在所有者和调查者之间的信任关系上产生更大的问题。

（4）调查官的现场调查成为必须

在登录时，调查官的现场调查是必须要有的。也有通过文化厅的预算，进行现场调查的实例，其费用基本上可以向当地的自治体申请。但是很多自治体很难做出这样的费用预算，即使是新登录的后补以及待定项目，也会产生派不出委托调查人员的情况。

（5）当地自治体难以进行技术援助

在大阪府内的市镇村中，有专门人员负责文化财建筑物的只有大阪市和堺市，大部分市镇村都是由相关人员兼职，因为其他项目也有很多，很多情况下都很难采取专业性对策。

即使在这样的条件下，对于日常的应对所有者等工作，大部分市镇村还是很努力。只是，对于编制登录所需要的资料，很难要求负责地下文物的人员给予相关建筑物专业上、技术上的援助。在这种情况下，作为所有者，为了进行登录只有委托研究人员以及建筑师，这样就产生了不得已需要负担额外费用的情况。

2. 与保护、修复登录文化财相关的补贴制度

在国库的补贴事项中，现有的登录文化财补贴制度仅限于设计监理费为补贴款项。

从登录制度开始实施已经历了二十余年，所有者的世代交替已逐渐开始，大部分执意登录的现所有者和继承人之间无论如何在对于建筑物的留恋以及心思上都是有差别的。另外，经济上持续的不景气，也使维护登录文化财的难度正在显现。这就强烈要求现行的补贴制度能够更加扩大化，并制定新的补贴制度。

3. 对上述问题采取的措施

（1）推进登录制度

A. 为了推进文化财保护，日本认为登录文化财制度是不可或缺的，今后也还要继续推进登录制度。

与国家、地方政府指定的文化财件数的增长率相比，登录文化财的增长率比较高。尤其是在近代建筑物的保存方面，毫无疑问是登录制度起到了很大的作用。

B. 为了推进登录，日本认为现在最重要的课题是优先解决待定的登录项目。

尽管日本预料到了各种各样的困难，但是必须尊重那些想要将其所有的物件作为文化财进行登录以便于保存的所有者的意愿。作为大阪府，对于市镇村进行有关项目申请前的洽谈，在尽可能避免申请时出现问题的同时，还要切实地进行现场调查。另外，鉴于市镇村在重复调查以及编制资料等方面比较困难的情况，决定由大阪府进行协助，援助所有者以及市镇村。

C. 与研究者、建筑师进行联络。

关于编写调查报告、整理申请资料，需要确保委托可靠的、可以给与答复的研究者、建筑师，因此当务之急是建立这样的沟通渠道。

D. 推进文化厅关于以建筑师为对象修复登录文化财的培训项目（对文化财建筑物熟知的修复等技术人员，即使对所有者来说也具有很高的价值）。

相关培训班在平成二十二年（2010 年）第一次举办，有 100 名之多的行政负责人、建筑师等参加。大家都对登录文化财有很强的关心意识，都在期盼相关措施尽快落实。在开办培训班时，因为文化厅有通知到都道府县、市镇村以及相关的机构，所以其有必要付出更多的努力推动参加培训人员的征集活动。

（2）补贴制度

从平成二十三年（2011 年）开始，文化厅将重点放在了“有效利用文化财的地区活力”上，对于公开运用文化财建立了补贴制度。虽然该补贴对于项目的内容以及经营者还有限制，补贴的程序也还不够完善，但终究还是制定了适用于登录文化财的补贴制度。所以，为了尽可能地有效利用文化财，希望能够制定出更好的制度，进一步扩大作为补贴对象的经营者以及经营内容。

（参考）有效利用文化财的观光推介增加地区活力的项目

1. 宗旨、目的

有效利用日本的地区多样性，以及种类繁多且宝贵丰富的文化财，对于传统活动、传统艺术的公开以及培养继承者，公开运用文化财建筑、古迹等具有地方特色的综合性措施给予援助，在振兴文化的同时达到推进观光推介、活跃地方文化的目的。

2. 经营方法

都道府县、市镇村（包括特别行政区）通过各个地方的特点有效利用丰富多彩的文化财，在振兴文化的同时，制定促进推介观光、搞活地方文化经济的具有地方特色的综合性措施，对于根据这些计划而开展的活动，文化厅给予补助。

3. 补助对象

（1）经营重要文化财建筑等的公开运用。

（2）对那些为了公开运用重要文化财建筑物、登录有形文化财建筑物或是重要传统建筑物群保存地区而制定的保存运用计划并完善设备的项目等给予补助。

（六）文化财登录制度的援助措施

现在，对于登录建筑物的援助措施有下列几项。

（1）对于与房屋相关的土地，减免二分之一的地价税。

（2）对于有关房屋，根据各市镇村的实际情况，减免二分之一以内的固定资产税。

（3）对于一部分登录建筑物的保存、利用所需的经费，可以从日本开发银行以及北海道东北开发金融合作社低息贷款。

（4）修复所需的设计监理费的二分之一由文化厅通过预算给予补助。

（5）属于登录文化财的房屋等（包括土地）的继承税、赠与税从平成十五年（2003 年）度开始扣除财产评估额的 30%。

通过这些援助措施，希望能够促使所有者自觉、自主地进行保护。

另外，与援助措施稍有不同的是，在进行土地规划整理时，在项目实施者规定的换地计划中，关于登录建筑物的位置、土地面积等，需要进行特别的关照，以便换地能够顺利完成。

（七）登录制度的法律规定

第 57 条：有形文化财的登录

一、对于重要文化财以外的有形文化财（不包括地方政府根据第 182 条第二款指定的对象），考虑其作为文化财的价值，文部科学大臣可将那些特别需要采取保存和利用措施的对象登录在文化财登录底账上。

二、文部科学大臣在准备登录时，需事先听取相关地方政府的意见。[①]

三、录入文化财登录底账的内容及与文化财登录底账相关的必要事项应由文部科学省制定。[②]

第 58 条：公布、通知与登录证书的颁发

一、根据上一条第一款做出的登录，应在官方公报上予以公布，并即刻通知该登录有形文化财所有者。

二、根据上一条第一款做出的登录，自根据本条第一款在官方公报上公布之日起生效。对于该登录有形文化财所有者，自通知抵达之日起生效。[③]

三、在根据上一条第一款完成登录后，文部科学大臣应向该登录有形文化财所有者颁发登录证书。

四、载入登录证书的内容及其他必要事项应由文部科学省制定。

第 59 条：登录有形文化财的取消登录

一、登录有形文化财在根据第 27 条第一款的规定被指定为重要文化财时，文部科学大臣应取消其登录。

二、登录有形文化财在根据第 182 条第二款的规定被地方政府指定时，文部科学大臣应取消其登录。但在该对象仍有必要采取登录有形文化财的保存与利用措施，且所有者同意的情况下，不适用本款规定。

三、在登录有形文化财不再需要采取保存与利用措施时，或有其他特殊原因的情况下，文部科学大臣应取消其登录。

四、根据前三款做出的登录取消，应即刻在官方公报上予以公布，并通知该登录有形文化财所有者。

五、第 58 条第二款比照适用于根据本条第一至三款所做的登录取消。

六、在接到根据本条第四款发出的通知后，所有者需在 30 天内向文部科学大臣交还登录证书。

第 60 条：登录有形文化财的管理

一、根据本法和文部科学省基于本法制定的法令，登录有形文化财所有者应担负

---

① 这一条款的目的在于可以事先确认地方政府有无指定该对象的计划，当地方政府有独立的登录制度（京都府等已经建立了登录制度）时则可以避免重复登录，同时还可以事先与其他行政机构进行公益性调整等。

② 在《登录有形文化财相关的登录手续以及申请书等的规则》中对登录底账上的记载事项、手续等做出了规定。

③ 与指定制度相同，对于所有者，登录制度采取的也是通知抵达时生效的形式，这是因为考虑到所有者负有管理以及各种申请和报告义务，违反这些规定的义务时适用处罚条例，所以采取通知抵达时生效也是理所当然的。

其管理职责。

二、在特殊情况下，登录有形文化财所有者可以委任适当人选代替自己行使对该登录有形文化财的管理职责（以下简称“管理责任者”）。

三、在相关地方政府报告该登录有形文化财所有者无法查明，以及所有者或管理责任者对其行使管理职责有明显困难或不妥的情况下，文化厅厅长可以委任适当的地方政府或法人实体（以下简称“管理团体”）进行必要的管理（包括保管为保存该登录有形文化财必备的设施、设备和其他物品，以及该登录有形文化财所有者拥有或管理的设施、设备和其他物品），以保存该登录有形文化财。

四、第 31 条第三款、第 32 条、第 32 条的 2 第二至五款、第 32 条的 3 及第 32 条的 4 均比照适用于登录有形文化财的管理。

五、本条第一款比照适用于登录有形文化财的管理责任者及管理团体。

第 61 条：登录有形文化财的损坏、损毁等

在登录有形文化财的全部或部分损坏、损毁、遗失或被盗的情况下，其所有者应自发现之日起 10 日内按文部科学省的规定向文化厅厅长提交书面报告。

第 62 条：登录有形文化财的所在地变更

在将要变更登录有形文化财所在地时，所有者（管理责任者或管理团体）应至少提前 20 天向文化厅厅长进行书面申报，按照文部科学省的规定报告事实并将登录证书附在报告之中。但如果是按照文部科学省指令而做的所在地变更，则无需申报，只需在所在地变更后通知即可。

第 63 条：登录有形文化财的修复①

一、登录有形文化财的修复由所有者实施。如委任了管理团体，则由管理团体实施。

二、第 32 条的 2 第五款、第 32 条的 4 及第 34 条的 3 第一款比照适用于由管理团体实施修复的情况。

第 64 条：登录有形文化财的现状变更②

一、在将要变更登录有形文化财现状时，应至少提前 30 天按文部科学省的规定向文化厅厅长申报。但如果变更现状的行为符合维护措施及发生不可预料的灾害时采取

① 本法对登录文化财的修复所做的规定和重要文化财一样。但对于重要文化财，在本法第 35 条中有通过国家给予补助金的规定，而对于登录文化财修复的补助则没有可依据的规定。但实际上，为了保存和利用登录有形文化财，国家有对其进行必要修复的费用预算，其设计监理费的二分之一由国家进行援助。

② 登录有形文化财现状变更的申请制度不同于重要文化财现状变更的批准制度，重要文化财的现状变更在原则上是被禁止的，而登录有形文化财的现状变更并不被禁止。

的必要应急措施，或是根据其他法律条款的指令而做出的行为，则不适用本条款。①

二、上一款中的维护措施的施行范围应由文部科学省规定。

三、在接到根据本条第一款做出的申报时，文化厅厅长如果认为对于保护登录有形文化财有必要，可就登录有形文化财的现状变更给予相关的必要指导、建议或意见。

第 65 条：登录有形文化财的出口

一、在将要出口登录有形文化财时，应至少提前 30 天按文部科学省的规定向文化厅厅长申报。

二、在接到根据本条第一款做出的申报时，文化厅厅长如果认为对于保护登录有形文化财有必要，可就登录有形文化财的出口给予相关的必要指导、建议或意见。

第 66 条：登录有形文化财管理或修复的技术指导

按照文部科学省的规定，登录有形文化财的所有者、管理责任者或管理团体可就登录有形文化财的管理或修复向文化厅厅长请求技术指导。

第 67 条：登录有形文化财的公开

一、登录有形文化财的公开应由所有者实施。如委任了管理团体，则由管理团体实施。

二、在经过所有者（或管理责任者）同意的情况下，所有者或管理团体以外的人也可以公开登录有形文化财。

3、第 47 条的 2 第三款比照适用于管理团体对登录有形文化财所做的公开。

四、文化厅厅长如果认为登录有形文化财有利用的必要，可就该登录有形文化财的公开和公开期间的管理向所有者或管理团体提供必要的指导或建议。

第 68 条：登录有形文化财现状等的报告

文化厅厅长如果认为有必要，可要求登录有形文化财所有者、管理责任者或管理团体提交关于该登录有形文化财现状、管理或修复状况的报告。

第 69 条：登录有形文化财登录证书的转交

在登录有形文化财所有者发生变更的情况下，旧所有者在与新所有者交接登录有形文化财时，应同时向新所有者转交该登录有形文化财的登录证书。

登录制度是在后世能够广泛继承作为国民珍贵财产的文化财上发挥了巨大作用的制度。另外，通过利用登录建筑物，还希望能带活所在地区保护文化财的活动。国家

① 关于维护措施的范围，在《登录有形文化财相关的登录手续以及申请书等的规则》的第 17 条中做了规定。其中，防止损毁扩大或是发生的应急措施大部分与重要文化财是相同的，但是还将“可以看到的外观变更范围为该物件外观的四分之一以下”作为维护措施的范围。此外，与重要文化财不同，对于登录有形文化财，没有对影响保存的行为做出规定。

今后需要将这个新制度做到家喻户晓，以有效地发挥其功能。

同时，登录制度是为了制止由于持续不断的开发以及生活方式和思维方式的变化，很多文化财纷纷消失的情况，作为保护文化财的新制度而创建的。此制度扩大了文化财的范围，使我们重新认识到，在我们身边还有与我们的生活密切相关、可以长期相守并传承下去的珍贵文化财。

在重视经济性以及便利性的同时，放弃历史及传统文化趋势的弊病已经出现在社会的各个地方。为了追求社会进一步的发展，就必须谦虚地学习历史，夯实培养丰富人性的基础。在文化财中凝聚了漫长历史长河中积累的生活文化遗产价值观，特别是建筑物以及历史性街区，对于我们来说，是最能感同身受的存在，是社会发展的缩影。在正确评价其历史、文化等方面的价值，实现保护的同时，还可以进而用于学校的教育等。将此与振兴地方文化以及观光资源相联系，对于重新构筑地方特色是不可缺少的。

尽管登录制度已取得了丰硕的成果，如果遍数还遗留在世上的历史性建筑物的话，所登录的不过是沧海一粟而已。因此今后还要积极厉行本制度，努力使登录件数进一步增加，与此同时，为了使制度更加健全，还恳请所有者从所有者的角度加以大声呼吁。

第三章　有形文化财的保存与运用

第一节　有形文化财的定义

有形文化财是指有形文化所产生的、在日本历史或艺术方面具有较高价值的文化载体（包括与本体有关的部分以及对其价值形成具有意义的土地及其他部分）以及考古资料和其他具有较高学术价值的历史资料。

有形文化的产物具体包括建筑物、美术工艺品（绘画、雕刻、工艺品、书籍、古文书、考古资料、历史资料等）。

第二节　建筑物的保存和运用

（一）调查和指定

1. 调查

日本在明治三十一年（1898 年）制定《古社寺保存法》时，对中世纪之前的神社寺院建筑进行了调查，在昭和四年（1929 年）制定《国宝保存法》时，对城郭建筑以及陵墓建筑等进行了调查，而在昭和二十五年（1950 年）制定了《文化财保护法》之后，还将民居建筑以及西洋建筑列入了调查对象中。

民居的调查是从昭和二十九年（1954 年）到昭和四十年（1965 年），通过都道府县进行了所在地的初步调查，收到了报告大约 500 份，并对其中民居比较集中的岐阜县白川村、富山县平村和上平村、宫崎县椎叶村等进行了调查。从昭和四十年（1965 年）到昭和五十三年（1978 年），以都道府县为主要实施者，对民居进行了紧急调查，根据这些调查，进行了指定。

西洋建筑的调查是从昭和四十年（1965 年）开始，对北海道、东京都、神奈川县、京都府、兵库县、长崎县等西洋建筑比较集中的地区进行了调查。根据这次的调查，进行了指定。此外，从昭和五十二年（1977 年）开始实施“近代建筑保存对策研究调查”。

关于近代早期神社寺院建筑，昭和五十二年（1977 年）以后，以都道府县为主对近代早期的神社寺院建筑进行了紧急调查，根据这个调查，进行了指定。另外，从平成二年（1990 年）开始的近代文化财（建筑物等）综合调查，对涉及多领域的建筑物进行了调查。再有，从平成四年（1992 年）开始，对明治之后的传统风格、技法建造的建筑物进行了“近代日式建筑综合调查”。

以紧急调查民居为主的这一系列调查，是由于昭和三十年（1955 年）以后社会经济的迅速发展和国土开发的进展，围绕着建筑物的环境也发生了急剧变化，国家预料到建筑物本身的保存会处于极度危险的环境中而进行的。

2. 指定

截止到平成十九年（2007 年）5 月 1 日，被指定为国宝、重要文化财的建筑物共有 2306 件（其中国宝 213 件）、4147 栋（其中国宝 257 栋）。其各个类型、时代、栋数等参见下表 3－1。以神社寺院为主的中世纪建筑物几乎全部得到了指定，指定的中心随即转移到了近代早期神社寺院建筑、民居建筑、近代建筑等。另外，通过平成八年（1996 年）法律的修改，将近代文化财建筑物等纳入了登录文化财制度，并进行着在新保护体系下的登录，但是对于其中特别重要的建筑物，也可以作为重要文化财进行指定。

神社寺院建筑中属于飞鸟、奈良时代的代表性建筑为世界最古老木结构建筑奈良县法隆寺金堂、同五重塔；作为平安时代代表性建筑物的有京都府平等院凤凰堂、岩手县中尊寺金色堂；镰仓时代、室町时代代表性建筑物有奈良县东大寺南大门、广岛县严岛神社社殿、神奈川县圆觉寺舍利殿等。关于桃山时代、江户时代的建筑物，在紧急调查后进行了加急指定，指定了千叶县新胜寺三重塔、长野县诹访大社、京都府真正极乐寺本堂等众多的神社寺院建筑物。

民居建筑中江户时代之前的遗留下来的很少，只指定了室町时代的 3 栋、桃山时代的 2 栋。所指定的居民建筑大部分是江户时代的建筑，能够例举出的主要有北海道鰊御殿花田家番屋、新潟县豪农渡边家住宅、岐阜县白川村合掌造远山家住宅、京都府道原角屋、民居中最古老的兵库县箱木家住宅、奈良县今井町今西家住宅、德岛县有盐田福永家住宅、鹿儿岛县二阶堂家住宅、冲绳县宫良殿内庭园等。最初的指定是以农家为中心，其指定的具有特色的典型建筑物涉及地主、中农、贫农等各个阶层，紧接着将重点转移到了镇上的民居。

表 3－1　各类型国宝、重要文化财（建筑物）的指定件数

（截止到平成十九年（2007 年）5 月 1 日）

时期	类型	重要文化财		国宝	
		件数	栋数	件数	栋数
近代早期之前	神社	561	1147	36	58
	寺院	842	1099	154	160
	城郭	52	234	8	16
	住宅	94	150	12	20
	民居	334	733	0	0
	其他	192	262	3	3
小计		2075	3625	213	257
近代	宗教	18	18	0	0
	住宅	60	201	0	0
	学校	34	60	0	0
	文化设施	28	36	0	0
	官方府邸	20	25	0	0
	商业、业务	18	23	0	0
	产业、交通、土木	49	149	0	0
	其他	4	10	0	0
小　计		231	522	0	0
合　计		2306	4147	213	257

注：重要文化财件数中包括国宝的件数。

近代建筑的指定，起初以明治时期西洋风格的建筑物为主，指定的有长崎县长崎布大浦天主堂、哥拉巴公园、兵库县神户市托马斯公园、北海道札幌市作为旧北海道开拓大使的贵宾饭店而建造的风平馆、洋馆、东京都岩琦家住宅等。其后，将指定范围扩大到了大正时期的建筑物，指定了北海道函馆市东正教正教会复活圣堂、山形县山形市和山口县山口市旧县政府以及县会议事堂、兵库县芦屋市旧山邑家住宅等。东京商船大学的练习用船“明治丸”也作为建筑物进行了指定。1934 年建成的东京明治生命馆，于平成九年（1997 年）被指定为重要文化财，同时还扩大了对昭和时期建筑物的指定范围。关于明治之后的近代文化财建筑物，根据平成八年（1996 年）修改的法律，引进了登录制度，但是有关重要的物件，仍然作为重要文化财进行指定。在平成五年（1993 年），根据平成二年（1990 年）开始进行的“近代文化财（建筑物）综合调查”，将碓冰山口铁道设施等指定为重要文化财，在平成八年（1996 年）修改法律后，平成九年（1997 年）还将日本砖窑株式会社的砖窑（霍夫曼轮窑 6 号窑）、备前渠铁桥等指定为重要文化财。

3. **环境保护**

对于建筑物，尤其是在其外在美、文化价值方面，其内涵空间与周边空间一起形成了其价值的情况比较多。之前在指定武士之家住宅的方式是将栅栏、庭院等建筑物，甚至是地皮上的所有建筑物加在主要指定物件的住宅建筑上进行附带指定，也就是所谓的进行附加指定。在昭和五十年（1975 年）修改法律时，在第 2 条第一款的有形文化财定义中规定，有形文化财包括与建筑物以及其他有形文化的产品“成为一体形成其价值的土地及其他物件”，根据这个规定，就可以一次性指定构成这种空间的土地以及建筑物等。法律修改后，除了指定了包括在保护上需要紧急采取措施的民居土地上的建筑物等外，有人还提出对于神社寺院管辖内的土地以及近代文化财也需要采取这种指定方式予以指定。

在平成八年（1996 年）、平成九年（1997 年）两年中，文化厅购买了西翁院茶室防火空地作为环境保护项目，并在平成十年（1998 年）设定了大善寺防火空地，这是根据保护与指定建筑物邻近环境的规定而采取的购买和设置防火空地的方式。除此之外，还可以根据保护周边历史性景观的规定，将周边的某些区域作为历史遗址，以由地方政府指定或是根据地方政府的条例指定为文化财环境保护地区的方法进行环境保护。

（二）管理、修复和防灾

重要文化财、国宝建筑物的有关管理以及保护的法律制度与美术工艺品相同。截止到平成十九年（2007 年）5 月 1 日，文化财建筑物的所属情况可参见下表 3－2。截止到同年 6 月，在无主持寺院等中指定了管理团体的物件为 88 件，指定管理团体 56 个（都道府县 4 个，市镇村 42 个，法人等 10 个）。随着民居以及近代建筑物指定活动的开展，从公开运用方面来考虑，接受公有化或是公共管理的物件也在随之增加。

关于文化财的修复，法第 34 条的 2 中规定：“重要文化财的修复由所有者进行”。这个规定对应于第 31 条中规定的所有者的管理义务，可以说规定重要文化财的管理者将必须承担保护责任，作为管理权的一部分而履行职责。在第 34 条的 2 中规定：“有管理团体时，由管理团体进行”，通过指定管理团体，所有者的管理权对应于管理团体被制约。修复费用原则上是由所有者或是管理团体负担，但是，我们认为进行修复的

表 3－2 国家指定文化财等不同所有者件数一览表

（截止到平成十九年（2007 年）5 月 1 日）

所有者分类 / 文化财类型	总数	国家	地方政府		神社寺院	其他法人	个人	其他
			都道府县	市镇村				
国宝、重要文化财（件）	4147	165	110	556	2471	315	502	28
占总数的百分比（%）	100	4	2.6	13.4	59.6	7.6	12.1	0.7
登录有形文化财（件）	5913	57	189	799	563	1469	2770	66
占总数的百分比（%）	100	1	3.2	13.5	9.5	24.8	46.9	1.1

一般情况是通过修复文化财而能够维护或是增加其财产价值。第 35 条第一款中规定，“当管理或是修复需要大额经费，重要文化财的所有者或是管理团体不堪重负时，或是有其他理由时”，国家可以给予部分补助。在给予补助金时，文化厅厅长可以对必要的事项给予指示，对管理或是修复进行指挥监督。

重要文化财的修复形式有根据传统工艺进行的基础修复、部分修复、屋顶修葺、涂装修复等。在基础修复中，有拆除修复和半拆除修复，一般认为大约每隔 100 年需要一次这样大规模的修复。在此期间，也要进行屋顶修葺和局部毁损修复，以及根据各处所用材质的使用寿命而进行必要的修复等。基础修复和包括这样的维护部分的修复，合计一年平均为 180 栋左右的修复量。其他还有对于平成三年（1991 年）9 月的 19 号台风、平成十年（1998 年）9 月的 7 号台风、平成十七年（2005 年）1 月的阪神淡路大地震等，这样大规模灾害的修复工程也在进行。据说茅草、丝柏树皮、瓦等房顶的修葺大约是每隔 35 年需要进行一次修复，油漆、彩绘等的涂装大约是每隔 40 年需要进行一次修复。

在建筑物修复中，有工程时间长，需要大额经费的情况，这些项目与一般的修复项目加以区分，作为特殊项目处理。在昭和二十五年（1950 年）开始的栃木县日光二社一寺（东照宫、二荒山神社、轮王寺）第一期工程的修复，是昭和年间大的修复工程，于平成十八年（2006 年）完工，从平成十九年（2007 年）开始了平成年间的大修复。除此之外，还有昭和五十四年（1979 年）完工的奈良县东大寺金堂（大佛殿）屋顶修葺的昭和修复项目、奈良县金峰山寺主殿以及长野县善光寺主殿的屋顶丝柏树皮的修葺工程、静冈县浅间神社社殿、京都府本愿寺本堂、东京都日本东正教正教会教团复活大圣堂（东京都圣者复苏大教堂）修复等其他多个修复项目。

在平成十九年（2007 年）中持续进行的特殊工程中有本愿寺大师堂（11 年计划的第 10 次）、唐招提寺（11 年计划的第 9 次）、专修寺御影堂（9 年计划的第 9 次）、胜兴寺大广间（13 年计划的第 3 次）、知恩院本堂等（14 年计划的第 3 次）的修复工程。

在修复建筑物时，大部分是需要后补的部分按照旧方式进行修复。根据法第43条关于变更现状的规定，这样的修复需要得到文化厅厅长的批准后方能进行。在修复同时加强结构以及为了重新利用而变更现状等都需要得到批准后方可进行。关于一般重要文化财的修复，根据第43条的2的规定，必须事先提交申请，但是根据第42条的规定，若修复行为属于对国宝或重要文化财的维护措施，或在发生不可预见灾害时的应急措施，或修复行为是按照文部科学省条例规定实施的情况时，不受此条的限制。关于这个文部省有《关于修复国宝或是重要文化财的申请规则》（昭和二十九年（1954年）文化财保护委员会规则第4号）。根据该规则第4条的相关规定，接受国家补助金的物件在修复等时无需提交申请。

依据传统技法在修复文化财建筑时担当设计、监理等的技术人员，现在大部分属于财团法人“文化财建筑保存技术协会”，但是也有属于滋贺县、京都府、奈良县等部分地方政府的技术人员。

在防灾方面，由于国家指定的文化财建筑物大部分为木结构建筑，防止火灾的措施与修复措施同为重要的保护措施。作为防灾设备的有火灾自动报警设备、消防设备、避雷设备，将具备此三件的防灾设备统称为综合防灾设备，并将防灾的重点从部分防灾转向综合防灾。特别是大规模的需要长年累月开展的防灾项目称为特殊防灾，如从昭和五十三年（1978年）到昭和六十年（1985年）持续8年开展的法隆寺项目，从昭和六十一年（1981年）到平成一年（1989年）持续9年开展的延历寺项目等。另外，还有从平成一年（1989年）计划10年进行的东大寺综合防灾项目、从平成九年（1997年）到平成十四年（2002年）进行的姬路城项目、从平成十二年（2000年）到平成十七年（2005年）进行的日光寺院防灾项目。在平成十九年（2007年）持续进行的特殊项目有本愿寺（3年计划的第2年次）、园城寺（4年计划的第2年次）项目。其他还实施了从防灾角度出发与保存修复同时进行的提高建筑物抗震性能等的抗震措施，为了防止周边地形以及树木受到破坏而进行的加固挡墙、疏通排水通道、修整危险树木等的措施。

（三）公开运用

1. 作为博物馆、资料馆的运用

采取将被指定为重要文化财的民居等建筑物变为公有化（由于国库的补助而成为公有的物件）的物件，作为博物馆、资料馆而进行公开运用的方法。经常有将传统建筑物群保存区中的核心建筑物以这样的形式公开的事例。即使是近代建筑，例如木结构的旧开智学校校舍（长野县松本市）、砖结构的旧日本生命保险公司九州分公司（福

冈县福冈市)、石头结构的旧日本邮船株式会社小樽分公司（北海道小樽市）等都是以这种形式公开的。另外，东京的旧近卫师团司令部办公楼经过修复施工后，作为东京国立近代美术馆分馆（工艺馆）而开放展示。

2. 作为民间园林等的运用

将在原有地方难以保存的、需要迁建的文化财建筑物，由地方政府法人等收集之后作为民间园林开放展示的情况日趋增多。如神奈川县川崎市立日本民间园林、岐阜县高山市立飞驒民俗村、财团法人日本民间村落博物馆（大阪府丰中市）、财团法人四国民间博物馆（香川县高松市）、以明治建筑为主的财团法人明治村（爱知县犬山市）等。

3. 复制、仿造

文化厅于昭和三十五年（1960 年）开始，从重要文化财中选出特别优秀的、历史上非常重要的物件，每年制作出按比例缩小的模型。另外，还对建筑物的色彩进行副本还原。这些作为主要展品被放在国立历史民俗博物馆（千叶县左仓市）进行公开展示，部分也在京都国立博物馆、国立科学博物馆（东京都）进行展示。

第三节　美术工艺品的保存和运用

（一）调查和指定

在《文化财保护法》的第 2 条第一款中将有形文化财定义为："建筑物、绘画、雕刻、工艺品、书法作品、典籍、古文书以及其他有形文化的产物，对于日本来说在历史上或是艺术上有很高价值的文化载体（包括与这些物件成为一体形成其价值的土地以及其他物件）和考古资料以及其他具有很高学术价值的历史资料。"在将这些总括为有形文化财的同时，通常将"建筑物"之外的有形文化财统称为"美术工艺品"。

建筑物一般是不动产，而与此相对的美术工艺品一般为动产，但是也有摩崖佛以及古坟壁画那样的不动产的情况。另外，根据文化财的来源还分为传承品和出土品。

1. 调查

明治二十一年（1889 年），由在宫内省设置的"临时全国宝物取调局"，在全国的规模内以寺院为主进行了正式的调查，到明治三十年（1898 年）5 月鉴别了 21.5 万件宝物，对于优秀作品颁发了鉴别证书，其后继续进行了调查。在制定了《文化财保护法》之后，继续进行了国宝重要文化财（美术工艺品）指定调查以及指定文化财的实际状况调查。除此之外，还进行了“文化财集中地区等调查”（昭和三十七年（1962年）之后）、“保存历史资料调查”（昭和四十年（1965年）以后）、“选定重要考古资料紧急调查”（昭和五十三年（1978年）之后）、“重要古文书群紧急调查”（昭和五十四年（1979年）以后）、“重要寺院历史资料特别调查”（昭和三十九年（1964年）以后）、“近代历史资料紧急调查”（平成九年（1997年）以后）。另外，通过国库补助项目还进行了有关古文书、历史资料、陶瓷器等史料的“史料调查”（平成十七年（2005年）之后重新安排预算）。

2. **指定**

美术工艺品的指定是作为重要文化财以及国宝由国家进行的指定。截止到平成十九年（2007年）7月，共指定了10283件重要文化财、861件国宝。其各个领域、各类所有者的指定情况如下表3-3所示。在表中我们可以看出，大约半数文化财归寺院所有。在昭和四十三年（1968年）3月末，大约有59%的文化财属于寺院、14.3%属于法人、2.7%属于地方政府。在以后20年左右的时间里，属于寺院和个人的比例在持续减少，属于国家以及地方政府所有的比例在逐渐增加。这恐怕是因为寺院有管理上的问题或个人所有的物品由于传承的原因难以为继等，所以相继申请出售给国家的情况在不断地增加。

表3-3　文化财（美术工艺品）指定现状

（1）不同领域国宝、重要文化财指定件数　　（截止到平成十九年（2007年）7月1日）

类　别	件数	
	国宝	重要文化财
绘画	157	1952
雕刻	126	2623
工艺品	252	2410
书法作品、典籍	223	1860
古文书	59	722
考古资料	42	564
历史资料	2	152
合计	861	10283

注：重要文化财的件数包括国宝的件数。

(2) 对不同所有者指定等的件数　　　　(截止到平成十九年(2007年)7月1日)

<table>
<tr><th rowspan="2">所有者</th><th colspan="3">指定的有形文化财</th><th colspan="3">登录的有形文化财</th></tr>
<tr><th colspan="2">件数</th><th>占总数的比例(%)</th><th colspan="2">件数</th><th>占总数的比例(%)</th></tr>
<tr><td>国家</td><td colspan="2">1276</td><td>12.4</td><td colspan="2">1</td><td>25</td></tr>
<tr><td>寺院</td><td colspan="2">5829</td><td>56.8</td><td colspan="2">0</td><td>0</td></tr>
<tr><td>法人</td><td colspan="2">1503</td><td>14.7</td><td colspan="2">0</td><td>0</td></tr>
<tr><td>个人</td><td colspan="2">1195</td><td>11.7</td><td colspan="2">0</td><td>0</td></tr>
<tr><td rowspan="4">其他</td><td colspan="2">452</td><td rowspan="4">4.4</td><td colspan="2">3</td><td rowspan="4">75</td></tr>
<tr><td>都道府县</td><td>121</td><td>都道府县</td><td>2</td></tr>
<tr><td>市镇村</td><td>258</td><td>市镇村</td><td>1</td></tr>
<tr><td>其他</td><td>73</td><td>其他</td><td>0</td></tr>
<tr><td>合计</td><td colspan="2">10255</td><td>100</td><td colspan="2">4</td><td>100</td></tr>
</table>

下面我们看下不同时代、不同类别文化财的指定情况，如下表3-4所示。绘画、雕刻、工艺品、典籍等大多是奈良、平安、镰仓时代的物件，占整体的三分之二。文化厅从昭和五十年(1975年)修改法律后，在进行室町时代中期以后、近代早期物件的调查、指定的同时，还对近代的绘画、雕刻、历史资料等进行了指定。此外，还对从古代就传来日本，对日本的文化具有特别意义的中国等国外文化财进行了指定。

表3-4　各个领域和各个时代指定物件数量一览表

(1) 日本　　　　(截止到平成十九年(2007年)6月8日)

时代 类别	旧石器	绳文	弥生	古坟	上古	飞鸟	奈良	平安	镰仓	南北朝	室町	桃山	江户	近代	合计
绘画							14	156	703	128	272	122	243	42	1680
雕刻						118	118	1433	706	64	93	10	12	6	2560
工艺品					4	25	132	325	951	255	215	149	149	5	2210
书法、典籍						2	202	483	551	98	73	12	49		1470
古文书						5	36	138	331	103	48	21	28		710
考古资料	8	94	94	157		8	70	74	20	6	3		2		536
历史资料							1	1	12	1	16	6	83	17	137
合计	8	94	94	157	4	158	573	2610	3274	655	720	320	566	70	9303

（2）国外

地区/时代/类别	东洋									西洋	合计		(1)+(2)总计
	中国						朝鲜	其他	合计				
	唐之前	唐	五代十国	宋、元	明、清	合计							
绘画		6	7	185	41	239	33		272		272		1952(157)
雕刻	17	37		5		59	3		62	1	63		2623(126)
工艺品	4	28		86	24	142	46	2	190	10	200		2410(252)
书法、典籍	16	57	1	305		379	9		388	2	390		1860(223)
古文书	1	1		6	2	10	1		11	1	12		722(59)
考古资料	23	3				26	2		28		28		564(42)
历史资料					2	2		1	3	12	15		152(2)
合计	61	132	8	587	69	857	94	3	954	26	980		10283(861)

注：括号内为国宝的数量。

接着我们看下不同领域的指定状况。

A. 绘画

大致分为佛像画、日本绘画、水墨画、中世纪隔扇画、近代早期绘画、近代绘画。其中平安时代、镰仓时代的佛像画、日本绘画的指定进行的相当顺利，镰仓时代、室町时代的肖像画、水墨画的指定也进行的很顺利，桃山、江户时代的琳派、写生派、文人画的一半也被指定了，近代绘画中直至昭和初期的代表作品都被指定了。

B. 雕刻

在种类上大致可以分为佛像、神像、肖像、假面面具等，但是指定的物件中佛像占了绝大多数，为85%。在材质上，所指定物件所用的材质中木制的占了87%。从时代来看，飞鸟时代到镰仓时代的物件占到了九成。另外，还进行了南北朝时代之后的肖像、动物雕刻、假面面具等，以及平安时代之后的金铜佛像、石刻佛像的指定。

C. 工艺品

涉及金属工艺品、漆器、印染、陶瓷、石器、甲胄、刀剑等多个种类，但是所指定的是中世纪之前的文化财，特别是神社寺院的宗教用具。目前正在努力促进中世纪之前遗留品很少的印染品以及日本陶瓷器的指定工作。

D. 书法作品、典籍

在书法史上优秀的书法作品中，主要对平安、镰仓时代的名品以及镰仓时代日本、中国禅僧的墨迹进行了指定。典籍大致分为汉文典籍、图书、佛典、洋装书等。指定件数中最多的是与佛典相关的典籍。

E. 古文书

指定的类别大致分为古文书、古记录、公告牌、木标签、族谱、绘图，其中古文书、古记录占到了九成以上。在古文书中，主要指定了皇帝御笔文书以及历史上著名人物颁发的文书以及书信等，也对寺院、士官大夫、武士之家中外来的具有很高学术价值的文书进行了一次性指定。在古记录中，是以中世纪贵族的日记原件、古抄本为主进行的指定，庄园绘图和族谱是以镰仓时代的物件为主进行的指定。

F. 考古资料

在制定《文化财保护法》之前，为了将考古资料作为工艺品而对其中一部分进行了处理，将其美术价值作为了重点，指定了具有美术价值的优秀物件，特别是将弥生时代的铜剑、铜铎等青铜器，古坟时代的镜子，历史时代的墓志、经冢遗物等作为了重点。随着埋藏文化财调查发掘的进展，在昭和五十年（1975 年）之后，一次性指定具有很高学术价值的遗址及出土文物的情况多了起来。为了选定这些指定对象，从昭和五十四年（1979 年）开始，每年在全国八个片区依次召开“重要考古资料选定会议”。

G. 历史资料

通过昭和五十年（1975 年）修改的法律，将历史资料在有形文化财中定位之后，对日本历史上重要事项、有关人物以及具有很高学术价值的历史资料进行了指定。为了达到保护近代文化财的目的，平成八年（1996 年）10 月在指定标准中加入了“科学技术”一项，同年指定了一号机关车、磨削盘、Embossing Morse 发报机。另外，作为与近代政治史相关的物件，指定了 5 件与英、美、法之间签订的友好条约、友好商务条约的原件。

在各个领域指定的具有代表性物件的示例如下表 3－5 所示。

表 3－5 各个领域指定的具有代表性物件的示例

绘画

种类	代表性物件		
	属性	名称	保存地点
日本绘画	国宝	源氏物语绘卷	东京都五岛美术馆
水墨画	国宝	四季山水图（雪舟绘）	山口县防府毛利报公会
隔扇画	国宝	智积会隔扇画	京都府智积院
近代早期画	国宝	风神雷神图（宗达绘）	京都府建仁寺
文人画	国宝	冻云饰雪图（浦上玉堂绘）	神奈川县川端康成纪念馆
近代绘画	重要文物	生生流传图（衡山大观绘）	东京国立近代美术馆

雕刻

种类	代表性物件		
	属性	名称	保存地点
佛像	国宝	观世音菩萨立像（梦殿安放）	奈良县法隆寺
神像	国宝	僧形八幡坐神像等	京都府教王护国寺
肖像	国宝	鉴真和尚坐像	奈良县唐招提寺
假面面具	重要文物	伎乐面	东京国立博物馆
近代雕刻	重要文物	女（荻原守卫作）	东京国立博物馆

工艺品

种类	代表性物件		
	属性	名称	保存地点
金属制品	国宝	密教法器	京都府教王护国寺
漆器	国宝	片轮车螺钿莳绘手提箱	东京国立博物馆
印染	国宝	四骑狮子狩文锦	奈良县法隆寺
陶瓷	国宝	色绘藤花文茶壶（仁清作）	静冈县世界救世教会
甲胄	国宝	泽泻威铠	爱媛县大山祇神社
刀剑	国宝	刀（无铭正宗）	东京国立博物馆
石器	重要文物	石灯笼	奈良县东大寺

书法作品、典籍

种类	代表性物件		
	属性	名称	保存地点
国书	国宝	日本史书	东京国立博物馆
汉典	国宝	史记	滋贺县石山寺
佛典	国宝	紫纸金字金光明最胜王经（国分寺经）	奈良国立博物馆
西洋书籍	重要文物	约翰·赛利斯日本航海记	东京都东洋文库
书法作品	国宝	白氏诗卷（藤原行成作）	东京国立博物馆

古文书

种类	代表性物件		
	属性	名称	保存地点
古文书	国宝	法隆寺献物帐	东京国立博物馆
记录	国宝	御堂关白记	京都府阳明文库
绘图	国宝	额田寺珈蓝并条里图	国立历史民俗博物馆

考古资料

时代	代表性物件			
	属性	名称	出土地点	保存地点
绳文时代	重要文物	土偶（遮光器土偶）	青森县龟之岗遗址	东京国立博物馆
弥生时代	国宝	金印（汉委奴国王印）	福冈县志贺岛	福冈市博物馆
古坟时代	国宝	铁剑	琦玉县稻荷山古坟	文化厅
历史时代	重要文物	太安万侣墓志		文化厅

历史资料

种类	代表性物件		
	属性	名称	保存地点
人物	重要文物	德川家康相关资料	静冈县久能山东照宫
事件	重要文物	太閤检地尺	鹿儿岛县岛津兴业尚古集成馆
事件	重要文物	亚洲航海图	冈山县林原美术馆

（二）美术工艺品的登录制度

此制度冀求的是通过登录优秀的美术工艺品、促进其在美术馆的公开展出，达到扩大国民鉴赏优秀美术工艺品的机会，为发展文化做出贡献的目的。因此，在平成十六年（2004 年）6 月 10 号制定了《有关促进美术工艺品在美术馆公开展示的法律》，并于同年 12 月开始实施。

这部法律由两大部分构成。一部分是登录美术工艺品，以及将登录的美术工艺品在美术馆进行公开展示的措施，另一部分是引进登录美术工艺品继承税的实物支付特别措施。据此可以保全可称为人类共有财产的珍贵美术工艺品，同时还可以积极地进行公开展示，便于灵活运用。

另外，此部法律所说的“美术馆”指的是根据《博物馆法》而注册的博物馆，和相当于博物馆的设施中能够公开展示上述美术工艺品并能进行保管的场馆。因此，即使不是一般意义上的博物馆，只要是经营有形文化产物的人文类博物馆，或是建有类似部门的综合博物馆，无论是注册博物馆还是相当于博物馆的场馆都符合此法律定义的“美术馆”。只限定于注册博物馆和相当于博物馆的设施是因为该法律规定，“美术馆”需要对美术品进行妥善的公开展示和保管，需要配置具有必要专业知识的职员，需要具有一定规模的完善的设施设备，以及每年要进行规定以上的公开展示天数等，要在软硬件方面都具有完善的条件。

美术工艺品的登录是根据所有者的申请，并听取专家的意见，最终由文化厅的官员办理登录。可以登录的美术工艺品是众人热切期盼有鉴赏机会的珍品，因此，应当符合下列条件。

（1）未按照《文化财保护法》被指定为国宝或是重要文化财。

（2）从世界文化的角度来看具有历史性、艺术性或是在学术上具有宝贵价值的作品。

关于外国的美术工艺品，可以按照第二条标准决定是否进行登录。另外，关于第二条标准，可以解释为具有可构成国立美术馆、博物馆收藏品主要部分的价值的美术工艺品。按照这个标准登录的美术工艺品，则可以寄放在与所有者签订了公开展示合同的美术馆，并在此进行公开展示。此合同的期间规定必须在五年以上，当事者不可单方提出解除合同。

对于所有者来说，珍贵的美术工艺品放在专门的机构，由专家进行安全妥善的保管和管理，会比将美术工艺品放在自己的手边更放心。另一方面，对于美术馆、博物馆来说，因为公开展示的合同是五年以上有效，当事者不可单方提出解除合同，这样就使其可以按部就班进行管理和公开展示。另外，登录美术工艺品转化为实物纳税后，与国家签订公开展示的场馆可以继续优先无偿借出，与收藏品同样进行公开展示。

图 3－1　登录美术工艺品代表性物件示例

1. 菊花图案壶

2. 花鸟图案带象耳花瓶

3. 金银镶嵌带环花瓶

4. 黄铜竹林观音雕花瓶

5. 铁质镶嵌金银人物图大饰盘

6. 维尔・达布列的别墅

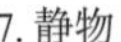

7. 静物

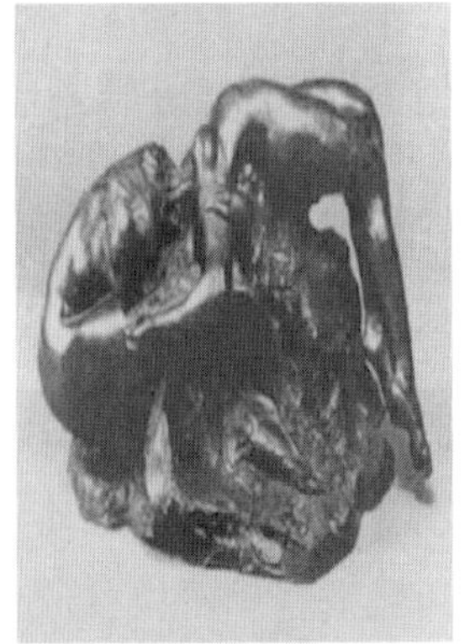

8. 天使的堕落

9. 眺望鲁尔

10. 抱起圣斯蒂芬遗体的弟子们

11. 浦岛图

12. 年轻的佛陀

13. 富岳列松图

14. 山红欲燃图

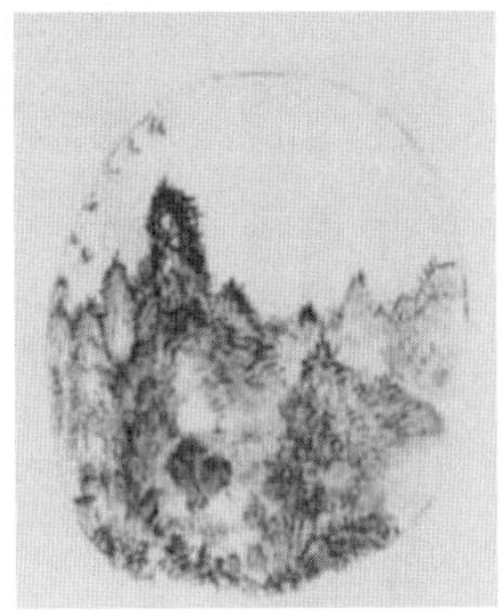

15-1. 平分秋色图

15-2. 醉云醒月图

15-3. 山水图

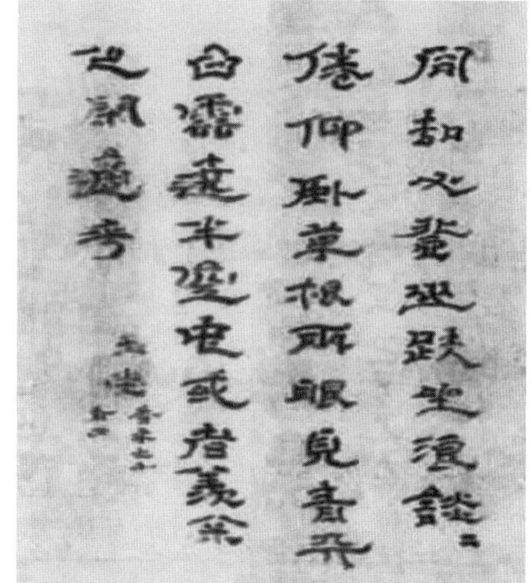

15-4. 五言绝句

16. 清宵

17. 烟囱

18. 水塔和船

19 家

表 3－6　登录美术工艺品代表性物件一览表

截止到平成十五年（2003 年）4 月

序号	种类	名称	个数	作者	尺寸（厘米）	材质、技法等	制作年代	登录日期	签约场馆
1	工艺品	菊花图案壶	一只	北岳二代 横山弥左卫门孝纯	高 23.2 口径 16.8 壶身直径 24	黄铜铸造；浮雕	明治十九至二十二年 （1886～1889 年）	1999 年 3 月 30 日	高冈市美术馆 （富山县高冈市中川 1－1－30）
2	工艺品	花鸟图案带象耳花瓶	一只	金森宗七 （委托制作者）	高 74 口径 42.3	黄铜铸造；镶嵌有金、银、红铜等、银箔烫印	明治时代 （19 世纪）	1999 年 3 月 30 日	东京国立近代美术馆（工艺馆） （东京都千代田区北之丸公园 1－1）
3	工艺品	金银镶嵌带环花瓶	一只	铜器公司 （第一代山川孝次制作、监督、推算）	高 56.4 直径 19.8	黄铜铸造；镶嵌各种金、银等	明治十年 （1877 年）	1999 年 3 月 30 日	东京国立近代美术馆（工艺馆）
4	工艺品	黄铜竹林观音雕花瓶	一对	中杉与三七	高 33.8 深 13	黄铜铸造；镶嵌有金、银、红铜等	明治二十三年 （1890 年）	1999 年 3 月 30 日	高冈市美术馆
5	工艺品	铁质镶嵌金银人物图大饰盘	一张	驹井音次郎	高 5.8 口径 55.1	铁质；镶嵌金、银	明治九至十八年 （1876～1885 年）	1999 年 3 月 30 日	东京国立近代美术馆（工艺馆）
6	绘画	维尔·达布列的别墅	一件	让·巴蒂斯特·卡米耶柯罗	35×26.5	画布、油彩	1835～1840 年	2000 年 1 月 24 日	村内美术馆 （东京都八王子市左入镇 787）
7	绘画	静物	一件	居斯塔夫·库尔贝	38.5×56	画布、油彩	1871～1872 年	2000 年 1 月 24 日	村内美术馆

续表

序号	种类	名称	个数	作者	尺寸（厘米）	材质・技法等	制作年代	登录日期	签约场馆
8	雕塑	天使的堕落	一件	奥古斯特・罗丹	高 38 宽 71 深 35	青铜	1895 年	2000 年 1 月 24 日	村内美术馆
9	绘画	眺望鲁尔	一件	克劳德・莫奈	46 ×65	画布、油彩	1858 年	2000 年 12 月 7 日	茨城县近代美术馆（茨城县水户市千波镇东久保 666 –1）
10	绘画	抱起圣斯蒂芬遗体的弟子们	一件	欧仁・德拉克洛瓦	41 ×33. 2	厚纸画板（贴在板上）、油彩	1860 年	2000 年 12 月 7 日	茨城县近代美术馆
11	绘画	浦岛图	一件	山本芳翠	124 ×170	画布、油彩	明治二十六至二十八年（1893 ~1895 年）	2000 年 12 月 7 日	岐阜县美术馆（岐阜县岐阜市宇佐 4 –1 –22）
12	绘画	年轻的佛陀	一件	奥迪隆・雷东	65. 5 ×50. 5	画布、油彩	1905 年	2001 年 7 月 11 日	京都国立近代美术馆（京都府京都市左京区冈崎圆胜寺镇）
13	绘画	富岳列松图	一幅	与谢芜村	29. 7 ×138. 9	纸本水墨画淡彩	江户时代	2002 年 5 月 17 日	爱知县美术馆（爱知县名古屋市东区东樱 1 –13 –2）
14	绘画	山红欲燃图	一幅	浦上玉堂	36. 5 ×65. 5	纸本着色	江户时代	2002 年 5 月 17 日	爱知县美术馆

续表

序号	种类	名称	个数	作者	尺寸（厘米）	材质・技法等	制作年代	登录日期	签约场馆
15－1	绘画	平分秋色图	一幅	浦上玉堂	40.7×46	纸本水墨淡彩	江户时代 文政元年（1818年）	2002年5月17日	爱知县美术馆
15－2	绘画	醉云醒月图	一幅	浦上玉堂	40×46	纸本水墨淡彩	江户时代 文政元年（1818年）	2002年5月17日	爱知县美术馆
15－3	绘画	山水图	一幅	浦上玉堂	41×22.8	纸本水墨	江户时代 文政元年（1818年）	2002年5月17日	爱知县美术馆
15－4	绘画	五言绝句	一幅	浦上玉堂	37.9×22.2		江户时代 文政元年（1818年）	2002年5月17日	爱知县美术馆
16	雕塑	清宵	一座	米源云海	长65.3 宽33.5 高25.6	木质（樱木）	明治四十年（1907年）	2002年7月17日	岛根县立美术馆 （岛根县松江市袖师镇1－5）
17	绘画	烟囱	一件	牛岛宪之	91×72.8	画布、油彩	昭和二十六年 （1951年）	2002年7月17日	熊本县立美术馆 （熊本县熊本市二之丸二）
18	绘画	水塔和船	一件	牛岛宪之	60.2×120.6	画布、油彩	昭和二十六年 （1951年）	2002年7月17日	熊本县立美术馆
19	绘画	家	一件	牛岛宪之	60.5×120.8	画布、油彩	昭和二十六年 （1951年）	2002年7月17日	熊本县立美术馆

注：序号13～15的物件为重要文化财。

（三）管理和保护

1. 管理

国宝和重要文化财的所有者根据自身的所有权进行管理是不言而喻的。但是，文化财由于接受了国家的指定，其价值就具有了公共性质。国家鉴于国家指定文化财的公共、公益性质，为了对其进行妥善管理，根据法律，对所有者的管理权限进行了制约，并赋予了各种义务。

《文化财保护法》第30条中规定文化厅厅长要向重要文化财所有者下达管理方法的指示，另外在第31条中规定，重要文化财的所有者在正常情况下，有按照《文化财保护法》以及文部省和文化厅厅长根据该法所发出的命令、指示，管理重要文化财的义务。根据第36条的规定，当"发现管理重要文化财者因不胜任或是管理疏忽而导致重要文化财有遗失、毁损、或是被盗可能时"文化厅厅长可以命令其所有者对管理采取必要的措施，或是向所有者提出建议。

同时，在第32条的2中规定："在不能界定重要文化财的所有者时以及发现所有者或是管理责任者有管理困难和不妥当时，文化厅厅长可以指定合适的地方政府以及其他法人，使其对该重要文化财的保存进行必要的管理。"发生在京都府大云寺的国宝梵钟藏匿事件便是适用这个规定的一个例子，文化厅在昭和六十年（1985年）11月29日指定了京都府为该梵钟的管理团体。当有指定的管理团体时，管理团体具有管理、修复、公开重要文化财的权限和义务，也负担这些事务的费用。

截止到平成十九年（2007年）5月，寺院所有的国宝、重要文化财为5829件，占整体的56.8%，其中大约近半数都收藏在各自寺院的收藏库、展示设施中，约有三分之一在国立、公立的博物馆等展出，其他的放置在主要的大殿、大堂中。同样，属于个人所有的重要文化财为1195件，占整体的11.7%，虽然部分托管在国立、私立博物馆，但是大部分保存在自家，对于在自家保管的，还要考虑到防灾的问题。截止到平成十年（1998年）10月1日，被指定的管理团体的数量为54个，所管理的国宝、重要文化财（美术工艺品）为419件。

2. 修复及变更现状

在修复重要文化财时，规定在预定开始修复日期的30天前，必须向文化厅厅长提交修复申请。根据法第34条的2的规定，重要文化财的修复由所有者或是管理团体进行，根据第35条的规定，"在修复以及管理重要文化财需要大额的经费，而其所有者或是管理团体不堪承担此大额经费时以及其他特殊情况时"，国家可以给予一部分补助修复经费。这可能主要是因为考虑到通过修复重要文化财能够维持其财产的价值，或是能够增加其价值，所以执行这个限制发放原则是妥当的。

法第 54 条规定：“文化厅厅长在认为有必要时，可以要求重要文化财的所有者、管理责任者或是管理团体，提交有关重要文化财的现状或是管理、修复以及环境保护状况的报告”。在第 55 条中还规定，即使是根据第 54 条规定提交的报告还不能确认所要求的状况时，文化厅厅长有进入现场进行实地调查的权利。鉴于重要文化财所具有的公益性，所有者等有服从的义务。但是，另一方面，在同上一条的第三款中规定，对于由于这种进入现场的实地调查而受到损失者，国家一般补偿所产生的损失，力求与财产权保持一致。

有关变更现状的限制，在第 43 条第一款中规定：“有关变更重要文化财的现状，或是将要进行影响其保存的行为时，必须经过文化厅厅长的批准”。但是，“在执行维护措施或是因特大灾难的应急措施时，又或是其影响保存的行为是轻微的影响时”不需要得到批准。“维护措施”的范围在《关于变更国宝或是重要文化财现状的申请规则》（1954 年文化财保护委员会规则第 3 号）中的第 5 条做出了规定，即“国宝或是重要文化财处在毁损中时，不会影响其价值”、“恢复到指定时的原状时”和“采取了防止该毁损扩大的应急措施时”。关于影响重要文化财保存的行为，如昭和五十年（1975 年）修改法律的通知中所说：“不是物件的形状直接产生物理变化，而是在材质上发生化学变化、或是会促进经年变化等，在保存上产生任何影响的行为。例如，对于美术工艺品，利用直接触碰物件的方法复制（拓本等）、拓片、长时间暴露在高亮度照明下”等。文化厅厅长在给予批准时，可以下达必要的指示，对于不执行批准条件者，可以发出停止其行为的命令，或是取消批准。

此外，在第 33 条中还规定了当重要文化财发生灭失、毁损、损失、盗窃时必须申报的义务，对于违反这些申报义务以及其他有关管理中的各种申报义务等行为，作为行政处罚是处以罚款。除此之外，对于重大的违反规定的行为处以刑事处罚。

3. 优先购买权

为了保护文化财和促进公共物品的运用，法第 46 条规定国家对于重要文化财有优先购买权，“准备有偿转让重要文化财者，须持有记载有受让方、预估价格以及其他文部科学省令规定事项的出售给国家的申请书，事先提交给文化厅厅长”。在该条第 4 款中规定，文化厅厅长在接到申请后的 30 天内，有义务通知出售人是否购买该申请出售的物件，当决定购买时，即视为以相当于申请书中记载的预估价格的货款购买成立。在文化厅的预算中包含了用于购买这种有偿转让文物的经费，如在平成十年（1998 年）大约准备了 24. 6 亿日元。由于执行本条款，国家购买有偿转让文物每年都在进行。在昭和三十年（1955 年）前后，国家购买了很多寺院出售的物件，而之后由于个人所有者的高龄化、住宅环境的变化、难以继承等原因，购买个人出售物件的情况在逐渐增多。这样的结果如我们所看到的那样，指定物件中国有的比例在持续增加。

文化厅在接到出售申请时，需将每一个出售物件委托给 5 位以上有学识及经验的收购协调员，并召开收购协调会议，决定是否需要收购该物件。决定收购时，需委托 5 位以上专家为评估员，对每一个物件进行实地考察后作出书面评估报告。文化厅一般是根据其平均价格决定购买价格，之后咨询文化财保护审议会并得到其答复。根据《租税特别措施法》，向国家以及地方政府出售重要文化财时，转让所得无需缴税。

4. 出口限制

根据法第 44 条的规定，禁止出口重要文化财，但"文化厅厅长根据国际上的文化交流以及其他原因，认为特别有必要而批准出口时，不受该规定的限制"。国外展出等适用此项规定。此外，根据《文化财保护法》附则第 116 条的规定，被旧的《保存重要美术工艺品等的法律》认定为出口或是移出需要得到批准的物件，对于其的出口必须得到文化厅厅长的批准，旧法在此期间仍有效力。

（四）公开运用

1. 公开展示

在法第 47 条的 2 第一款中规定："重要文化财的公开展示由所有者进行"，显示出了通过所有者进行公开展示的原则。该款中还规定："有管理团体时，由管理团体进行公开展示"，意思是通过指定管理团体，将公开的权限（使用权的一种）也移交给管理团体。第 48 条第一款规定，当重要文化财所有者自行进行公开展示时，文化厅厅长对公开展示活动有建议以及命令的权限。

这些年因建议、批准而被收藏到国立博物馆的物件，以及用于展示的指定物件上升到了一个相当大的数字。截止到平成十九年（1997 年）3 月末，京都国立博物馆的收藏品达到了 10655 件（其中国宝 106 件、重要文化财 779 件、重要美术工艺品 193 件），其中来自寺院的展品 1669 件（国宝 73 件、重要文化财 514 件、重要美术工艺品 50 件），来自个人的展品 4236 件（国宝 7 件、重要文化财 105 件、重要美术工艺品 74 件）。委托保管物件合计占了收藏品的半数以上，其中国家指定物件大约占有八成。

通过平成八年（1996 年）法律的修改，对于由所有者举办公开展示的规定是，当由国库负担费用的情况时，所有者只需办理申请补助金的手续，不需要向文化厅厅长提交申报以及得到批准，也不需要由文化厅厅长发出指示以及停止公开展示的命令等。同时，对于重要无形文化财技艺、重要有形民俗文化财的公开展示等，也采取了宽松的规定。这一系列的修改，一方面是为了行政事务的简约化，另一方面也是为了促进重要文化财的灵活运用。

所有者以及管理团体之外者进行重要文化财的公开展示时，必须事先得到文化厅厅长的批准。随着国民对文化财的喜好日益高涨，由报社、百货公司等举办的展览也在增加，故关系到重要文化财保存问题的批准申请也在增加。文化财保护委员会、文化厅虽然每次都下发了指导通知，但是因百货公司举办展览时发生过火灾，于是在昭和四十九年（1974 年）2 月之后，不再允许在临时设施中的公开展示。其后随着公立、私立博物馆的充实，大多数包括国宝、重要文化财的展览会便在这些设施中举办。文化厅厅长在批准公开展示时，可以给予必要的指示，对于不按照指示执行者，可以命令其停止公开展示行为，或是取消批准。

2. 公开设施

根据法第 53 条第一款的规定，“文化厅之外的国家机关或是地方政府在事先得到了文化厅厅长批准的博物馆以及其他设施中举办展览会以及其他展览时”，不需要得到文化厅厅长的批准。除了国家机关、地方政府之外，获得批准的公共设施的所有者在该设施中举办公开展示时，也不需要得到批准，只在展期最后一天的 20 天之前向文化厅厅长递交申报即可。截止到平成十年（1998 年）11 月，被批准的场馆为 88 个，其中国立的 3 个、公立的 72 个、私立的 12 个。其批准的标准如下。

（1）设施的所有者具有相应的资格。

（2）具有两名以上专职的熟练掌握文化财处理技术的研究员。

（3）设施建筑物具有耐火抗震结构、防火防盗系统、用于不同用途的内部构造、调节温湿度的设备等。

（4）共用建筑物时的设施设备。

（5）具有过去公开展示重要文化财的业绩等。

这些标准都在《关于通过重要文化财所有者以及管理团体之外的公开相关的博物馆设施的批准法规》（平成八年（1996 年）8 月 2 日文化厅公告第 9 号）中做了规定。

设置这样的限制是因为在日本文化财的美术工艺品中，大多数其材质、构造都极其脆弱，而公开时的移送、展示设施的构造、温湿度、亮度、展示期间等，都容易对文化财的保存状态产生影响，所以需要做到保存和运用恰当的调和。

从昭和四十九年（1974 年）开始，文化厅举办了以公私立博物馆、美术馆的研究员为对象的“经营指定文化财（美术工艺品）展示培训班”，从平成十年（1998 年）起，培训班被“指定文化财（美术工艺品）策划・展示研讨会”取代。另外，文化厅还从平成九年（1997 年）开始负担一部分与公开展示有关的运输打包费、展出谢礼和应急修复费，作为支持指定文化财公开展示的措施。有关其实施方法等在《促进重要文化财公开事业的实施要项》（平成九年（1997 年）7 月 1 日文化厅厅长决定）中做了规定。

3. 国外展出

在《文化财保护法》制定之前，文化财的国外展出只有一次，即昭和十四年（1939 年）的“秘鲁日本古美术展”。该法实施后，最初包括国宝、重要文化财的国外展出是昭和二十六年（1951 年）在美国的“讲和纪念旧金山日本古美术展”。这个由文化财保护委员会和美国德扬纪念博物馆共同举办的展览会在大约一个月的展期中，约有超过 20 万人参观了展览。随后，又在美国东部的华盛顿、纽约、西雅图、芝加哥、波士顿 5 个城市举办了“日本古美术展美国巡回展”。受到这个展览成功的影响，文化厅接连从昭和三十三年（1958 年）4 月开始到昭和三十四年（1959 年）2 月，在法国、英国、荷兰、意大利 4 个国家进行了“日本古美术欧洲巡回展”，从昭和四十年（1965 年）9 月到昭和四十一年（1966 年）6 月，进行了“日本美术美国・加拿大巡回展”，昭和四十四年（1969 年）进行了“日本古美术瑞士・西德巡回展”。在 1970 年以后，由文化厅主办，或是与国外相关机构共同主办的国外展出采取以不同领域的热门主题为内容，几乎每年举办一次。近年来，随着欧美各国对日本古美术热情的高涨，包括与国际交流基金会共同举办的展览，每年都有数次之多。

另一方面，除了文化厅主办的展览之外，从昭和二十七年（1952 年）开始的大约 10 年间，由外国美术馆等主办或是东京国立博物馆与这些机构共同举办的国外展出等共计 13 次。从昭和三十八年（1963 年）由法国文化部、外交部、东京国立博物馆、读卖新闻报社共同举办的“日本文人画名作展”在巴黎小皇宫美术馆成功举办后，日本的报社和国外的政府以及美术馆等共同举办的展览日益增多，近年来还看到了由出光美术馆等民间美术馆主办的展览。类似于这样的由文化厅主办、协办之外的国外展出的次数在昭和二十七年（1952 年）以后到平成九年（1997 年）之间，达到了 110 次之多。

关于文化财在不同于日本的气候以及风土人情的国外的处理，需要比在国内展览时更加谨慎小心。昭和五十二年（1977 年），通过日美文化教育交流会，编制了《关于在国外展览时美术工艺品处理研究小组报告书》，对有关人员进行了指导。另外，关于展出的作品，为了完好无损地处理这些展品，规定文化厅的相关人员必须与展出作品随行。对于在这些展览会上展出的国宝以及重要文化财，根据《文化财保护法》第 44 条的规定，必须得到出口的批准。

4. 复制仿造

美术工艺品中属于国宝以及重要文化财的，因为经年的老化，在处理以及移动时较为困难的物件，以及因管理的原因被限制公开展示的物件，可以由文化厅进行复制、仿造，在有助于保存的同时，代替原件进行公开展出等。在通过相同素材、相同技法的复制、仿造过程中，也有复兴了传统制作技法的成果。特别是对寺院中书院隔扇画等的隔扇画保存具有很大的意义。从昭和二十九年（1954 年）到昭和三十一年（1956 年）复制的平等院凤凰堂壁扉画是第一次复制，之后到平成十年（1998 年），复制了 19 件绘画、11 件雕刻、11 件工艺品，仿造了 1 件工艺品、2 件书法作品。绘画中的文部省收藏的高松冢古坟壁画、京都府神护寺的绢本着色传源赖朝像、同传平重盛像，雕刻中的奈良县兴福寺的干漆阿修罗立像，考古文物中的文化厅保管的太安万侣墓志，书法作品中的东京都大仓文化财团的《古今和歌集序》等都是复制仿造的例子。

（五）枪炮刀剑类的登录制度

第二次世界大战结束，英美同盟军开始占领日本后，根据昭和二十一年（1946 年）6 月公布实施的《枪炮等持有禁令》，命令回收、交还一切武器，但是被认定为“具有美术工艺品价值的刀剑类”可以例外处理，通过同年 9 月实施的同敕令，还将“具有古董品或是美术工艺品价值的火绳枪式火器等”列入了允许持有的范围中。昭和二十五年（1950 年）11 月，在废除了禁止持有枪炮等的禁止令的同时，根据新制定的《枪炮刀剑类等持有管理法》，在经过文化财保护委员会登录后，登录范围内的火绳枪式和具有美术价值的刀剑类，作为禁止持有枪炮刀剑的例外处理。另外，根据昭和二十八年（1953 年）制定的《武器等制造法》，“经过文化财保护委员会批准的刀剑类制作者所持有时”也作为禁止持有的例外处理。在昭和四十年（1965 年）修改《枪炮刀剑类等持有管理法》时，将火绳枪式之外的古式枪炮中具有美术工艺品或是古董品价值的物件也列入了允许持有的范围中。

关于枪炮或是刀剑类的登录，在《枪炮刀剑类登录规则》（昭和三十年（1955 年）文化财保护委员会规则第 1 号）中规定，登录事务由都道府县教育委员会处理，并由都道府县委员会从具有学识经验者中任命的登录审查委员进行鉴定。根据该规则，对鉴定的标准、登录证的格式等也做了规定，按照这些规定，颁发登录证。

在准备制作新的美术刀剑时，必须要经过文化厅厅长的批准。关于这个制作的批准手续等，在《美术刀剑类制作批准规则》（平成四年（1992 年）文部省令第 3 号）中做了规定。

申请批准者（或是制作人员）在没有经过批准时，需向文化厅厅长提交申请，经过批准者向都道府县教育委员会提交申请。准备制作的刀剑类需具有美术工艺品的价值，且制作者必须满足过去有过批准制作的经历（教育委员会的批准），或为满足在获得过批准制作的师傅指导下有 5 年以上专心致力于技术磨练的经历并熟练掌握了技术的条件者时（文化厅厅长的批准），才能给予批准制作刀剑。

（六）由地方政府处理的事务

关于部分重要文化财的变更现状等的批准事务，根据平成十一年（1999 年）颁行的《地方分权综合方法》以及平成十二年（2000 年）有关政令的修改，地方政府所需要处理的事务如下：在重要文化财变更现状中，作为与重要文化财建筑物一体，被指定为该重要文化财的土地以及其他物件（不包括建筑物）的变更现状等，以及与用金属、石头或是土制作的重要文化财的印模，相关的批准以及取消和停止命令，由都道府县的教育委员会将其作为法定受托业务进行。文化厅厅长批准的重要文化财的变更现状等的停止命令同样由都道府县的教育委员会下达。由重要文化财所有者进行公开展示的停止命令，由都道府县的教育委员会作为受托业务进行。由重要文化财所有者等之外者举办的公开展示的批准以及取缔、停止命令，由与公开展示相关的重要文化财所在区域的都道府县、指定城市或是核心城市的教育委员会作为自治事务执行。对文化厅厅长批准的重要文化财所有者等之外者进行公开展示的停止命令，作为法定委托事务，由都道府县的教育委员会执行。征集重要文化财现状的报告或是与上述申请有关的现场调查，由都道府县、指定城市或是核心城市的教育委员会作为法定委托事务执行。

第四章　与文化财保护、登录相关的行政组织及财政制度

第一节　国家行政组织

（一）文化厅以及文化财部的内部组织

国家保护文化财的政务是通过文部科学省的直属部门文化厅集中执行的，其任务、所掌管的事务以及内部组织，在《文部科学省设置法》、《文部科学省组织指令》、《文部科学省设置法实施规则》中都有规定。在文化厅中，除了内阁官房长官外还设置了文化部和文化财部两个部门。在文化财部中设置了部长、文化财监查官各一人，以及负责传统文化科、美术学艺科、纪念物科三个科室和建筑物参事官。保护文化财的政务由这三个科和参事官分管承担，在各科和参事官室还分别配备了负责专业领域的文化财调查官，从事由国家指定、选定文化财等工作，也负责向地方政府进行指导、提出建议等。

（二）文化审议会文化财分科委员会和专业调查委员会

在《文化财保护法》的第十一章中，设置了向文化财保护审议会咨询的章节，规定在文部科学省以及文化厅官员所掌控的事项中，必须向文化财保护审议会咨询的事项。这些设置以及所掌控的政务等，在《文部省科学省设置法》第 29 条中做了规定。有关审议会设置的文化财分科委员会以及所掌管的政务等，在《文化财保护审议会条例》中做了规定。

文部科学大臣根据《文化财保护法》的规定指定（选定）国宝、重要文化财等以及解除对其的指定（选定）等都需要咨询文化财保护审议会。另外，文化厅官员根据同法的规定下达各种命令、批准变更现状、收购重要文化财、选择采取登录造册措施的文化财等重要行为都需要进行咨询。

审议会接受了这样广泛的行使行政权的咨询后进行审议，为了顺利进行调查审议，在文化财分科委员会中还设立了 5 个专业调查委员会，分别执掌的权限如下表 5 – 1 所

示。此外，各个专业调查委员会，针对各个对象领域又分别设置了若干个委员会。

在分科委员会中，除了这些专业调查委员会之外，还设置了为了文化财的保存以及运用而研讨、策划综合性政策的策划调查委员会，和研讨有关保护世界文化财以及自然遗产条约的实施措施所应有的方法的世界文化财特别委员会。

表 4－1 专业调查委员会及其执掌权限

名称	调查审议事项
第一专业调查委员会	有关建筑物之外的有形文化财的事项
第二专业调查委员会	有关建筑物的有形文化财以及传统建筑物群保存地区的事项
第三专业调查委员会	有关纪念物、文化景观以及埋藏文化财的事项
第四专业调查委员会	有关无形文化财以及文化财保存技术的事项
第五专业调查委员会	有关民俗文化财的事项

（三）文化厅相关的机关等

根据《文部省设置法》，作为文化厅的附属机关设置的有三家国立博物馆和两家国立文化财研究所，但是在平成十三年（2001 年）4 月以后，这些组织作为文部科学省管理下的独立行政法人，合并为一家国立博物馆和一家文化财研究所。在平成十九年（2007 年）以后，两者合并为国立文化财机构。

（1）国立博物馆

国立博物馆是根据《文化财保护法》的规定，以公开建议、批准品目为主，同时通过常设展览、策划展出等公开运用，进行有关文化财的调查研究的美术类博物馆。东京国立博物馆作为国家综合性美术类博物馆运营的是东洋以及日本各个时代的优秀作品；京都国立博物馆运营的是以京都为首的流传到京都附近五国的文化财以及平安时代以后的美术工艺品；奈良国立博物馆运营的是以佛像雕刻为主打的佛教美术工艺品；九州国立博物馆运营的是与亚洲各地区的交流而形成的日本文化的文化财。这 4 家国立博物馆的概要参见表 4－2。

（2）文化财研究所

东京文化财研究所进行有关美术、艺能、文化财保存、修复技术的调查研究，以及有关这些文化财调查研究资料的收集、保管、公开发表等。另外，设立在奈良平城京遗址的奈良文化财研究所主要是调查研究以南都寺院为主的建筑物，以及平城宫遗址和飞鸟藤原地区遗址的发掘、调查研究。但是，最近规整这些遗址和公开事业，以及出土文物保存的科学性处理研究等有关埋藏文化财调查研究的比重加大了。除此之

表 4－2　各个国立博物馆的简要介绍

（截止到平成十九年（2007 年））

	东京国立博物馆	京都国立博物馆	奈良国立博物馆	九州国立博物馆
所在地	东京都台东区上野公园 13－9	京都府京都市东山区茶屋镇 527	奈良县奈良市登大路镇 50	福冈县太宰府市石坂 4－7－2
成立时间	明治五十一年（1872 年）	明治三十年（1897 年）	明治二十二年（1889 年）	平成十七年（2005 年）
成立时的名称	文部省博物馆	帝国京都博物馆	帝国奈良博物馆	九州国立博物馆
建筑物总面积（平方米） （展厅面积（平方米））	69497 （19438）	25275 （5087）	19116 （4079）	30085 （5444）
职责、任务	作为日本的综合性博物馆，收集、保管、展示、调查研究以日本为主的广大东洋各个地区的文化财，以及进行有关文化财的教育普及事业。	收集、保管、展示、调查研究以从平安时代开始到江户时代的以京都文化为主的文化财，并进行有关文化财的教育普及事业。	收集、保管、展示、调查研究以佛教美术为主的文化财，并进行有关文化财的教育普及事业。	收集、保管、展示、调查研究以日本和亚洲各国的文化交流为主的文化财，并进行有关文化财的教育普及事业。此外，在开展业务时，与福冈县等联盟合作。
收藏品件数 （国宝件数） （重要文化财件数）	112367 （88） （614）	6320 （27） （181）	1790 （12） （98）	281 （3） （23）
委托保管品件数 （国宝件数） （重要文化财件数）	2733 （63） （329）	6179 （82） （606）	1957 （55） （314）	1506 （0） （2）
平成十八年（2006 年）参观人数	1438170	556770	477638	1193420
定员人数 （研究员人数）	122 （55）	43 （16）	35 （13）	30 （19）

外，对地方政府进行专业技术指导，提出建议和培训有关职员也成为了重要的工作。详细情况参见表4－3。

（3）国立历史民俗博物馆

作为与文化财相关的国立博物馆，还有文部科学省管辖下的属于大学研究机构的国立历史民俗博物馆。截止到平成十九年（2007年）7月，其作为一个组织，隶属于大学研究机构法人下的人类文化研究机构。该馆是根据相关学会的要求，于昭和四十一年（1966年）作为纪念明治百年的事业之一而决定成立的，此后通过文化财保护委员会、文化厅进行了立案准备，于昭和五十六年（1981年）在千叶县佐仓市正式成立，昭和五十八年（1983年）起开始进行公开展出。该馆在收集、保管、展示日本的历史资料、考古学、民俗文化财的同时，还将调查研究历史学、考古学、民俗学作为该馆的目的。

（4）国立剧场

国立剧场是由文化厅管辖下的独立行政法人“日本艺术文化振兴会”运营的，在自主公演传统艺能的同时，还培训歌舞伎、文乐、能乐等的传承者，调查研究有关传统艺能、收集资料等。国立剧场分别在本馆、演绎资料馆（东京都千代田区隼町）、能乐堂（东京都涉谷区千驮谷）、文乐剧场（大阪市中央区日本桥）、国立剧场冲绳（冲绳县浦添市）等地开展业务。另外，在平成二年（1990年），又设立了艺术文化振兴基金，以便于赞助艺术普及活动、地区文化活动、文化普及团体活动等。在平成九年（1997年）秋天，为了进行现代舞台艺术公演、培养艺术家而开设了新国立剧场（东京都涉谷区本町）。

（5）相关的省厅

在纪念物中对于天然纪念物的指定区域有与《自然环境保护法》中规定的保护对象区域，以及《自然公园法》中规定的国立公园、国定公园的指定区域重合的情况，也有与《关于鸟兽保护以及狩猎法律》和《关于可能绝灭野生动植物种类的保存法律》的指定区域重合的情况。文化厅与管理这些政务的环境省、农林水产省携手结成同盟的同时，也推进了保护政务的执行。另外，关于埋藏文化财的保护，文化厅与管理各种开发的省厅，特别是国土交通省以及相关的地方政府采取了进行综合性协议等的合作体制。关于各种文化财地方分配税的计算，继续执行与各自治省的协议。另外，在平成四年（1992年），由文部省（现文部科学省）、农林水产部、通商产业部（现经济产业部）、运输部（现国土交通部）、自治部（现总务部）制定了各部共管的《通过开展地区传统艺能活动振兴旅游以及特定区域工商业的法律》。如此，通过与各个相关省厅的联盟、合作，扩大了保存和运用文化财的范围，并增强了所在地区居民共同参与活动的趋势。在地方政府之间或是地方政府内部机关之间也以同样的形式结成了联盟、合作关系。

表 4－3 各个文化财研究所简要介绍

（截止到平成十九年（2007 年））

	东京文化财研究所	奈良文化财研究所
所在地	东京都台东区上野公园 13－43	奈良县奈良市二条镇 2－9－1
成立时间	昭和五年（1930 年）	昭和二十七年（1952 年）
建筑物总面积（平方米） （展厅面积（平方米））	25275 （5087）	30085 （5444）
主要业务	1. 调查研究日本以及各个国家的美术、日本的无形文化财。 2. 研究开发有关文化财的新的调查方法。 3. 调查研究通过运用科学技术等科学的保存文化财、发展文化财的修复技术。 4. 根据全国博物馆、美术馆的要求，进行专业指导、建议、培训。 5. 有关保存、修复文化财的国际间合作。	1. 平城宫、藤原宫、飞鸟地区的调查发掘以及调查研究出土文物、遗址构造。 2. 有关遗址的保存、整顿、运用的整体性调查研究。 3. 调查研究古城所在地以及寺院收藏的历史资料等文化财。 4. 对全国性的调查发掘等进行指导、建议以及对调查发掘专业人员等进行培训。 5. 发布对飞鸟资料馆、平城宫遗址资料馆等进行调查研究的结果。 6. 有关调查发掘、遗址维护的国际间合作。
普通公开设施		飞鸟资料馆 开放日：周二至周日（9 点～16 点 30 分） 参观费用：一般 260 日元 高中生、大学生 130 日元 参观人数：112128 人 （2006 年的实际人数） 平城宫遗址资料馆 开放日：周二至周日（9 点～16 点 30 分） 参观费用：免费 参观人数：77560 人 （2006 年的实际人数） 藤原宫遗址资料馆 开放日：周一至周五（9 点～16 点 30 分） 参观费用：免费 参观人数：4457 人 （2006 年的实际人数）
定员人数（研究员人数）	41（33）	81（57）

第二节　地方政府和教育委员会

（一）都道府县和市镇村的事务

在《地方自治法》的第 2 条中，将普通地方政府（都道府县以及市镇村）的事务分为自治事务和法定委托事务。在该法规定的前提下，《文化财保护法》规定了可以委任给都道府县教育委员会的权限。在昭和二十九年（1954 年）修改法律时，关于地方政府以及教育委员会，在第六章（现第十二章）的补充规则中增加了一节明确了其事务，即在增加了由国家委任事项的同时，明确了地方政府对于国家指定文化财之外的文化财应采取的保存运用措施，这也是依据《文化财保护法》而制定的条例。再者，在昭和五十年（1975 年）的修改时，明确了有关地方政府调查发掘埋藏文化财的权限，在平成八年（1996 年）的修改时，扩大了对指定城市等委任的权限。

随着国民对文化财的关心日益高涨，地方政府为了所在地区居民的利益，对于所在地区的文化财采取了各种形式的保存应用措施，其有效的方法是通过博物馆、资料馆等进行收集、保管、公开展示的活动。另一方面，对于国家指定的史迹等，随着各种形式的土地开发的进展，作为对变更现状等制约补偿措施的替代措施，规定通过地方政府进行广泛的有偿公有化。通过这样的措施，作为文化财所有者的地方政府的职责急剧加大，有关保存、应用的事务也在增加。

关于国家指定文化财，当所有者等进行的管理有明显不妥当时，可以指定地方政府以及其他法人作为管理团体。特别是史迹等，指定的范围非常大，所有者也大多由多人组成，在这种情况下，通常采取在指定史迹的同时指定地方政府作为管理团体的方针。这样一来，地方政府作为国家指定的管理文化财的团体，其事务也会随之增多。保存和应用史迹及其维护事务也是作为所有者或管理团体的地方政府的重要工作之一。

（二）地方行政组织

文化厅于昭和四十三年（1968 年）在都道府县设置了 7 个文化艺术、文化财专管科，到了昭和五十二年（1977 年），所有的都道府县都设置了专管科。

即使是市镇村，其中也有大部分设置了文化财专管负责人，部分还设置了专管科。

（三）文化财保护条例

根据昭和二十九年（1954 年）修改的法律，地方政府对于国家指定文化财之外的文化财，以及存在于地方政府管辖地区的重要文化财，可以采取必要的保存应用措施。

在昭和五十年（1975 年）修改法律时，文化厅编写了《关于都道府县文化财保护条例以及文化财保护审议会条例的参考方案》作为昭和五十年（1975 年）9 月 30 日厅保管第 190 号文件，由副厅长下达到了各都道府县教育委员会的委员长。另外，关于实施传统建筑物群保存地区制度所需的市镇村条例，在同一天的厅保管第 192 号文件《关于实施传统建筑物群保存地区的制度》中列出了另附的标准条例，由文化厅的保护官员下达到了各都道府县教育委员会。

截止到平成十三年（2001 年）5 月 1 日，所有的都道府县和 3139 个市镇村都制定了文化财保护条例。制定条例的市镇村达到了全部 3249 个市镇村的 96.6%。

截止到平成十九年（2007 年）5 月 1 日，都道府县以及市镇村根据条例指定文化财的件数如下表 4 –4 所示。在昭和五十年（1975 年）之后，市镇村指定件数以相当快的速度向增加的趋势发展。

表 4 –4　地方政府指定文化财的件数

（截止到平成十九年（2007 年）5 月 1 日）

都道府县

<table>
<tr><th colspan="3">分　类</th><th>指定</th><th>登录</th><th>选定</th><th>记录选择</th><th>其他</th><th>合计</th></tr>
<tr><td rowspan="3">有形文化财</td><td rowspan="2">建筑物</td><td>件数</td><td>2400</td><td>167</td><td>0</td><td>0</td><td>0</td><td>2567</td></tr>
<tr><td>栋数</td><td>2259</td><td>140</td><td>0</td><td>0</td><td>0</td><td>2399</td></tr>
<tr><td colspan="2">美术工艺品</td><td>10039</td><td>36</td><td>0</td><td>0</td><td>6</td><td>10081</td></tr>
<tr><td colspan="3">无形文化财</td><td>169</td><td>0</td><td>0</td><td>0</td><td>0</td><td>169</td></tr>
<tr><td rowspan="2">民俗文化财</td><td colspan="2">有形</td><td>757</td><td>12</td><td>0</td><td>0</td><td>0</td><td>769</td></tr>
<tr><td colspan="2">无形</td><td>1599</td><td>69</td><td>0</td><td>183</td><td>0</td><td>1851</td></tr>
<tr><td rowspan="3">纪念物</td><td colspan="2">史迹</td><td>3030</td><td>0</td><td>0</td><td>0</td><td>99</td><td>3129</td></tr>
<tr><td colspan="2">名胜</td><td>278</td><td>0</td><td>0</td><td>0</td><td>6</td><td>284</td></tr>
<tr><td colspan="2">天然纪念物</td><td>3093</td><td>5</td><td>0</td><td>0</td><td>0</td><td>3098</td></tr>
<tr><td colspan="3">文化景观</td><td>0</td><td>0</td><td>0</td><td>0</td><td>0</td><td>0</td></tr>
<tr><td colspan="3">传统建筑物群保存地区</td><td>0</td><td>0</td><td>1</td><td>0</td><td>0</td><td>1</td></tr>
<tr><td colspan="3">保存技术</td><td>4</td><td>0</td><td>32</td><td>0</td><td>0</td><td>36</td></tr>
<tr><td colspan="3">合计</td><td>21369</td><td>289</td><td>33</td><td>183</td><td>111</td><td>21985</td></tr>
</table>

市（区）镇村

分　类			指定	登录	选定	记录选择	其他	合计
有形文化财	建筑物	件数	8691	358	43	0	36	9128
		栋数	5954	141	43	0	2	6140
	美术工艺品		39842	2049	0	0	26	41917
无形文化财			560	149	0	0	0	709
民俗文化财	有形		4727	905	0	0	4	5636
	无形		5917	220	8	9	4	6158
纪念物	史迹		12791	452	0	0	187	13430
	名胜		900	12	0	0	8	920
	天然纪念物		11075	100	16	0	8	11199
文化景观			10	0	5	0	0	15
传统建筑物群保存地区			31	0	3	0	0	34
保存技术			95	1	7	0	1	104
合计			84639	4246	82	9	274	89250

（四）文化财保护审议会和文化财保护指导委员

在最初的《文化财保护法》中，规定了在都道府县教育委员会中可以设置文化财专门委员会。在昭和五十年（1975 年）修改法律时，为了达到充实、强化地方上的文化财保护制度的目的，将上述的规定改为可以设置合议制的都道府县文化财保护审议会，同时可以设置非常务文化财保护指导委员。再者，在平成八年（1996 年）修改法律时，规定在市镇村教育委员会也可以设置文化财保护审议会。自昭和六十二年（1987 年）5 月 1 日至今，除了所有的都道府县之外，全国 3275 个市镇村中有 86%，即 2825 个市镇村建立了文化财保护审议会，可以这样说，之所以能这么做是因为清楚地看到了法律上所给予的可靠依据。

自平成六年（1994 年）5 月至今，除东京都、琦玉县、神奈川县以外，各道府县均设置了文化财保护指导委员。自昭和六十二年（1987 年）8 月至今，在全国设置的文化财保护指导委员一共有 1552 人，即使在市镇村，尽管没有法律上的规定，自昭和六十二年（1987 年）5 月 1 日至今，在 3275 个市镇村中设置的文化财保护指导委员有 1813 名。

第三节　国家保护文化财的相关预算

（一）预算结构

国家保护文化财的相关预算是由文部科学省直属的文化厅进行的，这个预算被分为若干项分类进行。分类的主要项目有：文化振兴费、独立行政法人日本艺术文化振兴会经营费、保存文化财业务费、文化财保存设施维护费、独立行政法人国立文化财机构运营费、独立行政法人国立文化财设施维护费等。其中保存文化财业务费和文化财保存设施维护费的预算，包括了文化厅以及附属机关直接使用的经费和交付给地方政府以及文化财所有者的补助费用。以上类别之外的预算为文化厅直接使用的经费和交付给所管理的独立行政法人的经费。

（二）各个事项的预算

下面，就平成十九年（2007 年）年度预算中的主要项目进行简要的介绍。

文化财部事务处理：1.39 亿日元。为保存应用文化财所做的调查、保护措施研究、国外交流等所需的经费。

发现日本文化魅力、推进发布计划：8.55 亿日元。充实“因为我是国民”鉴赏机会等 0.73 亿日元；故乡和文化复兴活动 6.51 亿日元；推进文化财上网的构想 0.99 亿日元；普及运用世界文化财活动 0.32 亿日元。

文化财国外交流展出：0.8 亿日元。

古坟壁画应急保存运用等：3.73 亿日元。推进高松古坟壁画保存运用 2.56 亿日元；龟虎古坟保存修复等 1.17 亿日元。

推动史迹公有化：153.39 亿日元。

史迹的维护以及运用事业：52.37 亿日元。保存修复 28.26 亿日元；史迹等综合维护以及推动运用活动 19.19 亿日元；重新打造天然纪念物业务 0.65 亿日元；消灭天然纪念物虫害的措施 2.39 亿日元；登录纪念物的保存修复 0.48 亿日元；推动保护重要文化景观活动 1 亿日元；史迹等的保存管理计划措施 0.4 亿日元。

埋藏文化财的调查发掘等：33.6 亿日元。调查发掘等 33.01 亿日元；埋藏文化财保存运用维护业务 0.585 亿日元。

文化财的保存修复等：67.18 亿日元。建筑物的保存修复 53.21 亿日元；登录文化财的保存修复 0.222 亿日元；传统建筑物群保存修复 6.56 亿日元；美术工艺品保存修复7.19亿日元。

文化财的防灾设施等：11.85亿日元。

建筑物的防灾设施等：7.72亿日元。防灾设施等6.53亿日元；加强应急防灾设施的业务0.65亿日元；环境保护0.29亿日元；民居保存管理设施购买费用0.05亿日元；国宝、重要文化财抗震诊断业务0.2亿日元。

美术工艺品的防灾设施等：0.85亿日元。

传统建筑物群的防灾设施等：2.1亿日元。

重要文化财等保存运用维护业务：1.18亿日元。

购买国宝、重要文化财等：15.91亿日元。

无形文化财等向下一代传承、发展业务：7.13亿日元。重要无形文化财保存特别赞助费2.32亿日元；持有重要无形文化财团体的补助费1.42亿日元；文化财保存技术2.06亿日元；传统文化的影像记录、普及事业0.21日元；民俗技术、登录有形民俗文化财传承情况调查0.22亿日元；故乡和文化财的森林式构想（提取材料的培训）0.35亿日元；无形文化财等公开运用等活动0.55亿日元。

推动NPO等运用文化财的项目：0.24亿日元。

振兴日本文化财保存运用等项目：0.4亿日元。有关灵活运用文化财以及保存技术等的商业模式的调查研究0.2亿日元；构建文化财支持者制度（暂名）0.2亿日元。

推进文化财的国家合作：2.45亿日元。保护文化财国际贡献项目1.61亿日元；紧急救助保护西亚文化财0.84亿日元。

平城宫遗址的保存维护：27.88亿日元。平城宫遗址第一次大极殿正殿复原27.58亿日元；平城宫第一次大极殿庭院区域的环境维护0.3亿日元。

支付独立行政法人国立文化财机构运营费：89.58亿日元。

独立行政法人国立文化财机构设施维护费：7.11亿日元。京都国立博物馆日常展馆紧急重建工程6.84亿日元；研究文化财的最先进设备维护0.27亿日元。

独立行政法人日本艺术文化振兴会运营费等：122.83亿日元。支付独立行政法人日本艺术文化振兴会运营费114.82亿日元；独立行政法人日本艺术文化振兴会所用设施的维护费8.01亿日元，其中国立剧场等设施的维护费3.89亿日元；国立剧场冲绳土地购买费4.12亿日元。

（三）补助金

一般给予地方政府的补助是所需经费的三分之一，有关文化财的补助通常是二分之一，特别是购买史迹等费用的补助是所购买物件价值的五分之四，是例外的高比例。

诸如这样的购买等，是由保存史迹等的管理团队，也就是被指定的地方政府进行，这也可以说是考虑到因限制地方政府变更现状而采取给予损失补偿的措施，作为替代损失补偿的措施，可以由地方政府购买某些史迹。再有，在地价持续高涨中，随着开发的进展，史迹等的公有化也在急剧增加，这对于该地区的地方政府也是一个莫大的负担，所以购买史迹的补助比例规定的比较高。

有形文化财大多数为个人或是寺院等法人所有，对于这些文化财的保存修复或是防灾设施，有不少是局限于所有者的经费负担能力。因此，根据项目的规模以及所有者的财政能力，需要采取浮动的补助比例，这样就会出现有高补助率的情况。

文化财的类型包括广泛的国民文化活动的产物和文化活动本身，另外，其保存运用的项目也包括调查、管理、保存、公开、登录造册、培养传承者等形式多样的活动。因此，文化厅除了制定了《文化厅支付文化财补助费规则》（昭和四十三年（1968 年）文化厅公告第 6 号）、《有关文化厅支付保存项目以及文化财保存设施维护费补助的纲要》（昭和五十四年（1979 年）文化厅厅长批准）等一般手续的规定之外，还分别对每个补助项目规定了个别补助重要事项。

关于文化财补助费用具有上述那样的特色，此外，对于建筑物和美术工艺品的修复、防灾项目补助金额的计算方式在《重要文化财（建筑物、美术工艺品）修复、防灾项目费国库补助重要事项》（昭和五十四年（1979 年）文化厅厅长批准）的文件中做了如下的规定。

当补助对象为地方政府以及盈利法人的情况时，补助率原则上为 50%。除此之外的补助对象原则上也是 50%，但是根据其经营规模的指数等，可以通过如下所示方法，计算补助的附加率，因此能够做到补助率超过 80%（85% 为上限）的补助。

按照该补助经营者的经营规模指数，以下表所示的附加率为限额，可以计算出补助附加率。

建筑物的修复、防灾项目 美术工艺品的防灾项目		美术工艺品的修复项目	
经营规模指数	附加率	经营规模指数	附加率
高于 0.1、不足 0.2	5%	高于 0.01、不足 0.05	5%
高于 0.2、不足 0.3	10%	高于 0.05、不足 0.2	10%
高于 0.3、不足 0.6	15%	高于 0.2、不足 0.5	15%
高于 0.6、不足 1.5	20%	高于 0.5、不足 1.0	20%
高于 1.5、不足 3.5	25%	高于 1.0、不足 2.5	25%
高于 3.5、不足 10.0	30%	高于 2.5、不足 5.0	30%
高于 10.0	35%	高于 5.0	35%

$$经营规模指数 = (\frac{（补助对象的总经营费用/该补助经营的施工年度数）}{该补助经营者的财政规模}$$

（a）所补助建筑的施工年数

建筑物的防灾项目、美术工艺品的修复、防灾项目

基于国家会计年度的全工期（经营期间）的年数

建筑物的修复项目

用12个月除全工期（经营期间）的月数，作为年度数，小数点以后的数字为一个年度

（b）所补助经营者的财政规模

为法人时

提交申请书所在会计年度的上上年度之前的3个会计年度的平均收入额

为个人时

上一年的收入额

（c）对于以下（1）-（2）的事项，符合（1）项时，还可以再算上补助率的附加率。

（1）在同一个会计年度中，同一个补助经营者经营两个以上的补助项目时，相对于各补助经营规模的财政规模比例和两个以上补助经营规模的总额的财政规模比例相比，出现了与补助率有5%以上的差别时，对其中一个的经营项目，可以最多附加5%的附加率。

（2）为美术工艺品修复项目时，根据文化厅厅长的建议，该物件在国立博物馆展出时，根据展出期间，可以加上以下所示补助率的附加率。

建议、批准		委托保管	
展出期间	附加率	展出期间	附加率
不足5年	5%	高于5年、低于20年	5%
5年以上	10%	高于20年	10%

第四节　地方财政和税制

（一）与文化财相关的地方财政措施

平成八年（1996年）年度地方政府的文化财保护经费为：都道府县615亿日元，市镇村778亿日元。对于这些经费，国家与其他行政经费一样发给交付税。

国家对于地方政府有关文化财保护行政经费所采取的财政措施，是通过地方交付

税进行的。对于所需职员的人工费用以及地方政府共同的行政所需费用采取的措施是通过普通交付税进行的。

对于国家指定的文化财以及根据《文化财保护法》第182条第二款的规定而制定的条例所指定的文化财，其所在地的地方政府采取保护措施而需要的行政经费，通过特别交付税发给。平成十九年（2007年）年度中，发给都道府县以及市镇村的特别交付税的累计数额如下表4－5所示。

表4－5 有关特别交付税省令第2条第1款第1项的第21号表（道府县）、同第3条第1款第3项的第3号表（市镇村）

（截止到平成十九年（2007年）4月1日）

<table>
<tr><th colspan="2">分 类</th><th>道府县金额（日元）</th><th>市镇村金额（日元）</th></tr>
<tr><td rowspan="9">截止到该年度的4月1日，由文部科学大臣指定、登录或是选定的文化财</td><td>重要文化财中的建筑物</td><td>220000</td><td>510000</td></tr>
<tr><td>重要文化财中建筑物之外的文化财</td><td>10000</td><td>10000</td></tr>
<tr><td>登录的有形文化财中的建筑物</td><td>10000</td><td>60000</td></tr>
<tr><td>重要传统建筑物群保存地区</td><td>160000</td><td>12520000</td></tr>
<tr><td>重要无形文化财（包括选定的保存技术）</td><td>430000</td><td>220000</td></tr>
<tr><td>重要有形民俗文化财以及重要无形民俗文化财</td><td>140000</td><td>610000</td></tr>
<tr><td>史迹名胜天然纪念物</td><td>370000</td><td>1290000</td></tr>
<tr><td>重要文化景观（根据2006年的措施）</td><td></td><td>1290000</td></tr>
<tr><td>登录的纪念物（根据2006年的措施）</td><td></td><td>330000</td></tr>
<tr><td rowspan="5">截止到该年度的5月1日，根据该都道府县以及市镇村基于《文化财保护法》制定的条例，被指定的文化财</td><td>建筑物</td><td>290000</td><td>170000</td></tr>
<tr><td>传统建筑物群</td><td></td><td>550000</td></tr>
<tr><td>美术工艺品</td><td>10000</td><td>10000</td></tr>
<tr><td>无形文化财（包括选定的保存技术）</td><td>50000</td><td>110000</td></tr>
<tr><td>民俗文化财以及纪念物</td><td></td><td></td></tr>
</table>

注：关于登录的有形文化财中建筑物之外的遗产、登录的有形民俗文化财、登录的纪念物、重要文化景观，曾在2006年要求采取措施，但是没能采取。

（二）与文化财相关的税制

国家对于由国家指定的文化财的所有者，采取了各种税收上的优惠措施，参见表4－6。

表 4－6　关于保护文化财的税收制度

（截止到平成十九年（2007 年）4 月 1 日）

事项		税收优惠的具体内容	优惠程度	适用时期
国税	转让所得免税等（所得税）	个人的动产或是建筑物被指定为重要文化财后转让给国家、地方政府、独立行政法人国立文化财机构、国立美术馆、国立科学博物馆时，对转让所得不缴纳所得税。	免税	昭和四十七年（1972 年）4 月（对于地方政府）至昭和五十年（1975 年）
		个人的未指定的有形文化财中被认为与重要文化财具有同等价值的文化财以及重要有形民俗文化财，在平成二十四年（2012 年）12 月 31 日之前转让给国家、独立行政法人国立文化财机构、国立美术馆、国立科学博物馆时，转让所得的二分之一需要交纳所得税。	所得的二分之一纳税	平成五年（1993 年）1 月至平成二十四年（2012 年）12 月
	转让所得的特殊扣减（所得税）	个人或是法人，其所有的建筑物及其土地被指定为重要文化财或是被指定为史迹名胜天然纪念物时，将其土地转让给国家、地方政府、独立行政法人国立文化财机构、国立美术馆、国立科学博物馆时，可以有 2000 万日元的特殊扣减或是免税额度。	2000 万日元的特别扣减（所得税）或 2000 万日元的免税额（法人税）	昭和四十五年（1970 年）4 月至今
	减轻遗产继承税	关于指定为重要文化财的建筑物、登录的有形文化财建筑物以及传统建筑物群保存区内的传统建筑物的房屋以及构造物和其他地皮（包括成为一体形成其价值的土地）的遗产继承税（赠与税）可以减轻资产计价额度。	重要文化财扣除 70% 的资产计价额。登录的有形文化财、传统建筑物扣除 30% 的资产计价额。	平成十六年（2004 年）1 月至今
	地价税的免税等	对于重要文化财、重要有形民俗文化财、史迹名胜天然纪念物等，或是与地方政府指定的文化财有关的某些土地等，以及传统建筑物群保存地区内的某些土地等，不缴纳地价税。	免除地价税	平成十四年（1992 年）1 月至今
		依据免税的文化财中应采取保存以及运用措施的某些文化财相关的土地等，可以减掉一些计税的金额。	计税金额减免为土地价值的二分之一	平成四年（1992 年）1 月至今
		与登录的有形文化财有关的土地等，减免计税额额。	计税额减免为土地价值的二分之一	平成四年（1992 年）1 月至今

续表

事项		税收优惠的具体内容	优惠程度	适用时期
地税	固定资产税、特种土地税、城市规划税等的免税	指定为重要文化财、重要有形民俗文化财、史迹名胜天然纪念物、认定为重要美术工艺品的房屋或是其地皮，不需缴纳固定资产税、特种土地税、城市规划税。	免税	昭和二十五年（1950年）4月至今
		重要传统建筑物群保存地区内的传统建筑物（不包括用于娱乐行业的建筑物），经过文部科学大臣公布的，可以免除固定资产税以及城市规划税。	免税	昭和六十四年（1989年）1月至今
		为登录的有形文化财或是登录的有形民俗文化财所属的房屋及其地皮，以及形成重要文化景观的房屋，经过文部科学大臣公布的，其地皮相关的固定资产税以及城市规划税的应纳税的金额可以予以减免。	减免一半固定资产税的计税额	平成十七年（2005年）1月至今
		对于重要传统建筑物群保存区内的传统建筑物房屋的地皮，根据该市镇村的实际情况，可以减免二分之一以内的税额。另外，对于传统建筑物之外的建筑物等的地皮，根据所在市镇村的实际情况，可以适当减免税额。	根据市镇村的实际情况，可以在税额的二分之一以内进行减免。	平成十年（1998年）1月至今

注：除上述之外，若地方政府有公益以及其他理由时，可以免除地税或是非同一纳税（《地税法》第6条第1款）。根据这个规定，依据《文化财保护法》的规定被指定为特别史迹名胜天然纪念物、史迹名胜天然纪念物的土地，免除税额或是非同一税率纳税，符合某些必要条件时，将其由于免缴税额等减少的收入数额从该年度的标准财政收入额中扣减之后，可以作为标准财政收入额（《地方交付税法》第14条的2施行令第1条）。根据这些规定，75%减少的收入可以用交付税填充。

附件一　图释文化财登录制度

附件 1.1　登录文化财指南

近在咫尺的文化财

在我们的周围有很多想要保存下来的风景。我们身边的建筑物中，在当地被人们所喜爱的、能够最好的诠释时代特色的、不能再重新建造的，都是不可替代的文化财。平成八年（1996年）诞生了能够守护这样的文化财建筑物，并能够将其作为当地资产而有效利用的制度——文化财登录制度。

登录有形文化财建筑物是在经历了50年后的历史性建筑物中，将得到了一定肯定的建筑物，作为文化财进行登录，通过申请制这种宽松的规定，使之得到保护，并促使其的有效利用。

住宅 神山家住宅的主宅（冲绳县）

大坝 青下第二大坝（宫城县）

烟囱 神崎混凝土株式会社（京都府）

隧道 旧耶马溪铁路一号厚之濑隧道（大分县）

公共建筑 郡山市礼堂 （福岛县）

门 山田的凯旋门（鹿儿岛县）

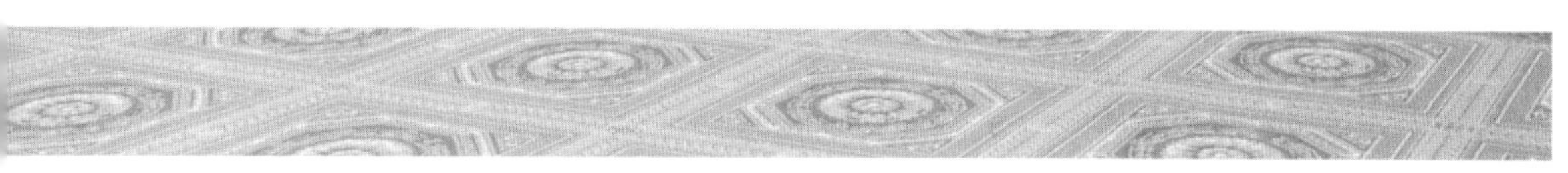

住宅以及店铺、镇守社、祭拜堂等无须赘言，工厂、火车站、桥梁、隧道、大坝，甚至是石墙以及烟囱、消防瞭望塔等广泛范围内的众多建筑物均可作为登录对象。这个制度实施十多年以来，已经登录了八千多件建筑物，目前还在以每年百件的速度增加着。

从今往后还要继续利用这个制度保存更多的建筑物，也期待着其能够积极有效的利用在城市建设以及观光旅游方面。

工厂　日华威士忌北海道工厂（北海道）

水井　大盛家住宅用水井　（冲绳县）

围墙　河濑家住宅南土围墙（奈良县）

石墙　上田家石墙（爱媛县）

店铺　渡边家住宅　（岐阜县）

桥梁　长滨大桥（爱媛县）

瞭望塔　旧京桥火的瞭望塔（冈山县）

有效利用 善加保护

case 1 冈山旧日银大堂 （旧日本银行冈山支店本馆 冈山县）

有效利用大正时代的银行， 作为人们交流活动的场所

大正十一年，日本银行冈山分行建立在冈山城二之丸遗址上。平成十七年（2005年）年9月，这个大正时期的优秀历史建筑物作为冈山新文化。创造艺术的场所而获得重生，为后世所继承。现在以“文艺复兴厅”的爱称而为人们所津津乐道。

参观“文艺复兴厅”的人数

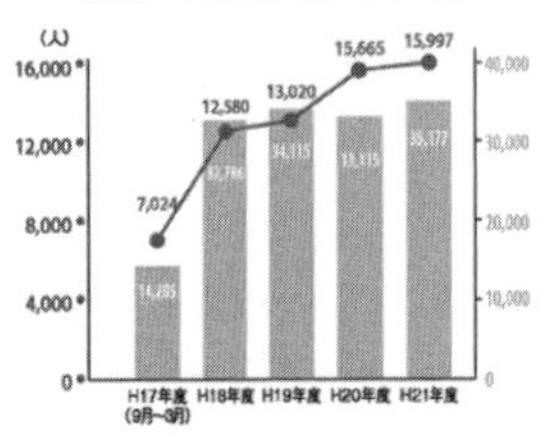

银行营业大厅通透的大空间保留着文化财特有的特征， 被有效的利用为民众使用的多功能大厅。

case 2 木和田川防砂设施 （静冈县）

石砌防砂堤坝被用于休闲活动场所

三号堰堤
亲近大自然区
栈道
亲水广场区
亲水广场
溪流学习区
常春藤小路公园区
防砂资料展示设施
二号堰堤
四号堰堤
堤坝散步区
五号堰堤
一号堰堤
六号堰堤
七号堰堤
八号堰堤

暑假时孩子们玩水时的喜悦 夜晚萤火虫在山谷间飞舞。

此为在大正三年建造完工的石砌防砂堤坝群。静冈县开展了有效利用堤坝群的公园事业，作为可以野营以及徒步旅行、观光的场所而被人们所喜爱。通过各种活动，能使人们在溪谷游玩中亲切感受到融入周围绿野的乐趣以及堤坝群的宏伟壮观。

case 3 世嬉之一造酒厂 （岩手县）

将造酒设施用于展示事业

大正八年建造的造酒设施。根据所有者想要以此建筑物对当地传统文化的继承积极地作出贡献的愿望，该设施被有效地改造为博物馆以及乡村饮食馆。通过搞活传统文化，提高服务，该设施成为了能长期造福于当地人民的设施。

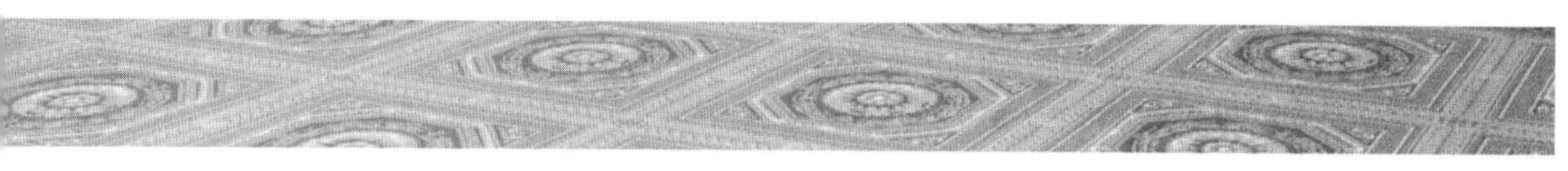

登录有形文化财建筑物是能够被有效利用的文化财建筑物。迄今为止所实施的形式可以继续，也可以作为经营资产或是观光资源。当外观需要做大的改观或是迁建时需要提出变更现状的申请，但是没有因登录而受到严格的束缚。同时也可以改建内部，例如可以用作大厅或是餐馆、资料馆等。为了开展经营活动以及搞活当地文化经济，同时也可以对登陆有形文化财积极有效地加以利用，同时还要稳妥地予以保护。另外，在维修以及管理方面，还可以向国家（文化厅）寻求技术性建议。

case 4 **佐藤家住宅旧店铺兼主房等 （大分县）**

复原了明治时代的邮局，用于丰富街道景观

➡

作为店铺兼主房和味噌仓库登录的2件建筑物被复原为明治时代邮局建筑的原貌。在此可以看到从近代早期到近代所传承下来的城市竹田的变迁。现在被用于公共设施等。

case 5 **旧吉川府邸厩门 （山口县）**

修复了府邸的门面，使人们了解当地的历史。

➡

原为岩国藩主吉川家府邸在明治二十五年建成的厩门。我们现在看见的是恢复到昭和初期的样貌，重现了近代大宅院的氛围。在锦带桥附近有吉香公园，与吉香神社等并排建立，作为传递当地历史的历史性建筑物而深受人们的爱戴。

case 6 **玲鹿峠 自然之家**

（旧坂下寻常高等小学校 三重县）

增强抗震性能后加以利用

用于培训设施的校舍，后进行了抗震加固，保留了作为文化财建筑物的同时，加固了梁以及地基，提高了抗震性能。

利用宽松的规定守护文化财

现状变更指的是改变屋顶、外墙、隔墙等情况，基本上需要提交申请。但是，如果变更规模很小，改变部分为“通常可见范围”的四分之一以下，或是只限于内部装修的改建等情况，无需提交申请。

关于通常可见范围

在登录有形文化财建筑物中，构成从周围可见的外墙以及屋顶等外观部分为通常可见范围。由于有其他建筑物等，通常看不到的部分不属于“通常可见范围”。

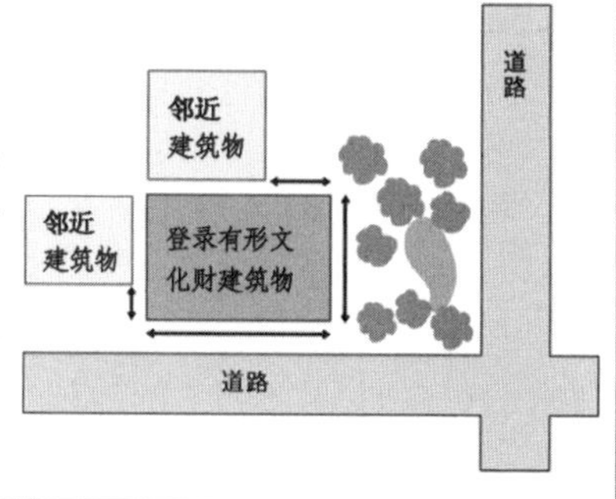

附件 1.2　登录文化财建筑指南

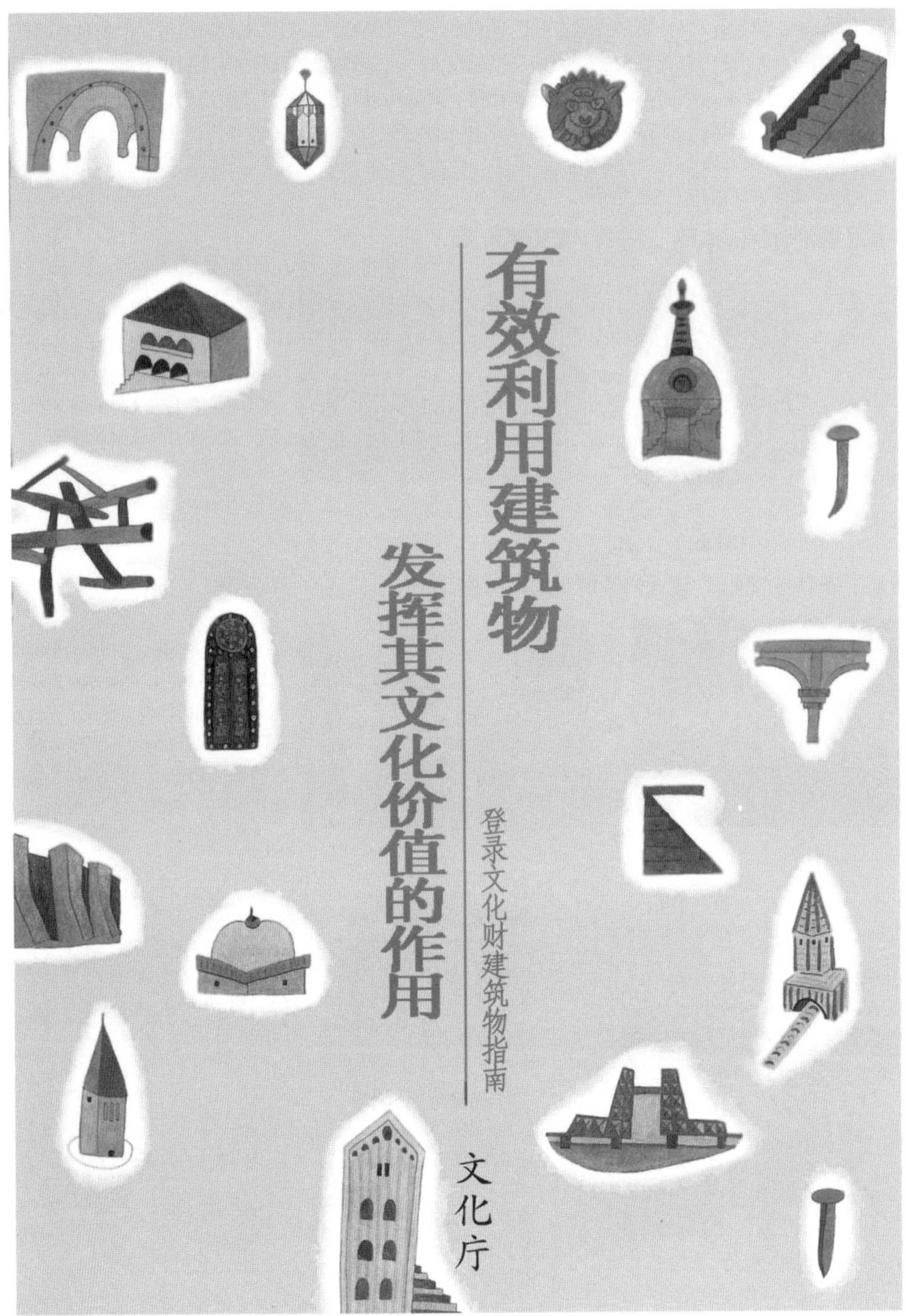

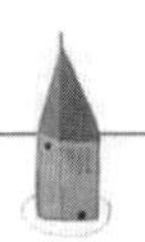

为保留古代优秀的建筑物，新的补助制度诞生了

在我们周围想要保留下来的风景多得令人吃惊。即使是身边的建筑物，或者是不能重建的那类建筑物，都是很好的文化财。为了保护每座这样的建筑物，补助将文化财作为资产有效利用的新思维的制度在平成八年（1996年）诞生了。那就是文化财登录制度。

◎文化财登录制度是已经在以欧洲为首的世界各国固定实行的制度，对保存文化财发挥着巨大的作用。

作为资产加以利用，发挥出其文化价值的“宽松型保护”构思

文化财登录制度的新颖之处在于可以灵活的有效利用文化财，既可以像迄今为止那样利用，又可以用于经营资产以及观光资源。如果对外观不做大的改变，只是装修内部，可以用于经营酒店以及餐馆、资料馆等。本制度是为了开展经营活动以及活跃地方文化经济，在积极有效利用文化财的同时，宽松的保护文化财的制度。

◎与为了严格保存文化财而制定的文化财指定制度相比，无论其思维方式还是各项规定，都是比较宽松的。

登录制度是一种新的构思，是在非常平和的架构下保护和有效利用文化财的制度

建筑完工50年后的建筑物就是文化财

住宅、办公场所、寺院等毋庸置疑属于登录有形文化财建筑物，桥梁、水闸、隧道、烟囱等广泛范围内的众多文化财都是登录有形文化财建筑物的对象。建筑竣工后经过50年的建筑物，并且广为人知或拥有珍贵外观的建筑物都具有申请资格。

多项措施援助文化财作为经营资产的有效利用

文化财被登录之后，可以享受各种优惠措施。多角度援助将文化财作为资产利用，是此登录制度最大的特点。

可作为登录有形文化财对象的建筑物种类

- 建筑物：住宅、办公场所、工厂、寺院、公共建筑等
- 土木结构建筑 桥梁、隧道、水闸、堤坝等

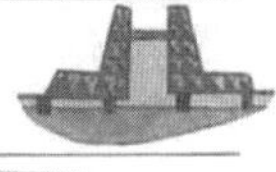

- 其他建造物建筑 烟囱、围墙、箭楼等

登录之后不会受到过多的限制
登录之后不会被各种规定制约，改造时也没有禁止事项的规定，只是在大面积改变外观等时，需要提出申请。可以根据经营目的进行利用和改建。所有者对于维修以及管理上的技术性问题可以向国家（文化厅）咨询。
例如用做事务所的情况
JAPAN CORPORATION
日本株式會社
想换窗户！
无需申请。但是建议尽可能保留原有风格。
想改建！
外观改变在通常可见范围的四分之一之内，无需申请。超过四分之一时，需要申请。
想替换招牌！
无需申请。
想利用一楼做茶馆！
不改变外观时，无需申请。即使是更换外装饰材料、设置大门等，只要是在通常可见范围的四分之一以内，都无需提交申请。
【不改变外观，只将内部作为茶馆的情况】

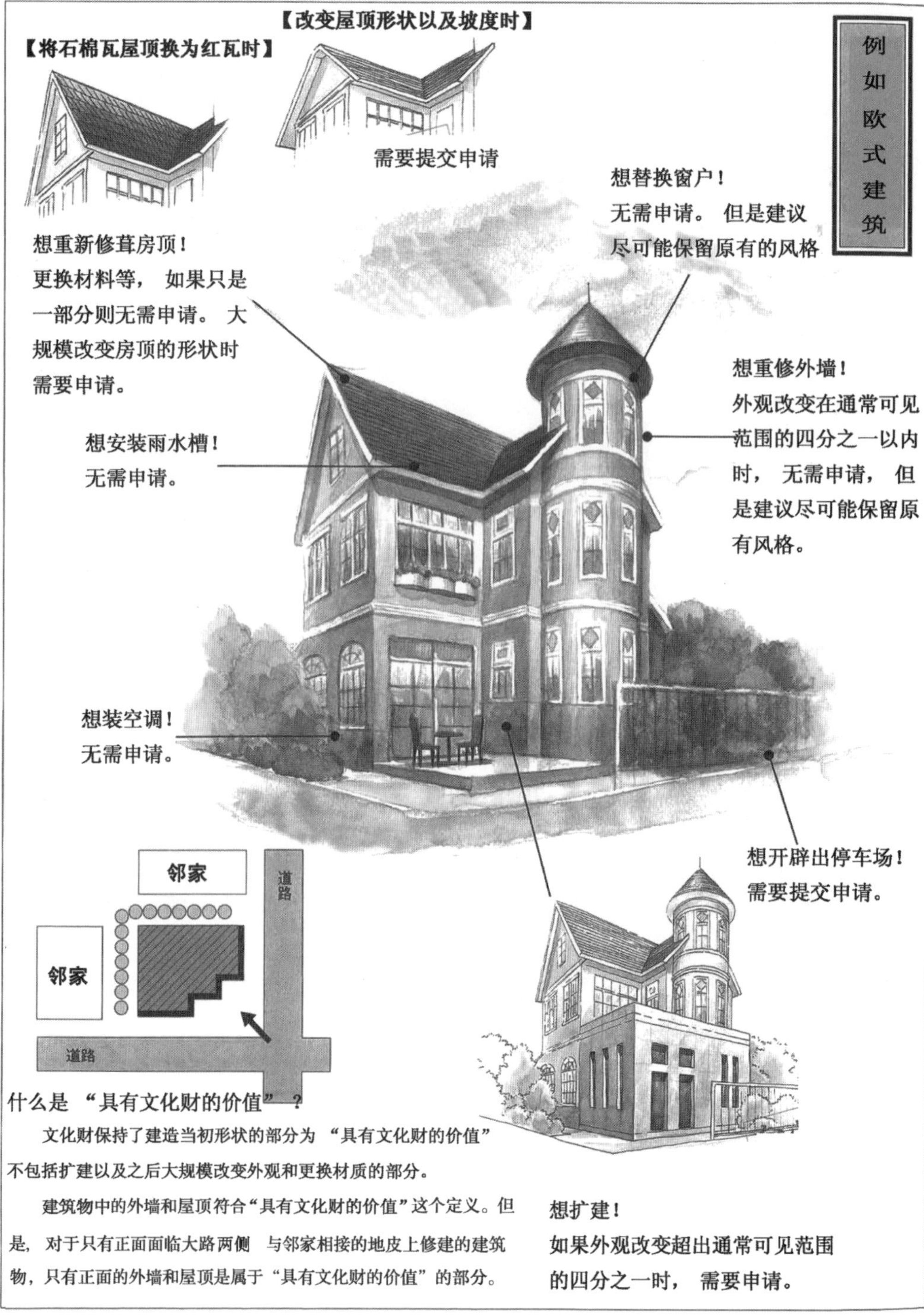

什么是“具有文化财的价值”？

文化财保持了建造当初形状的部分为“具有文化财的价值”不包括扩建以及之后大规模改变外观和更换材质的部分。

建筑物中的外墙和屋顶符合“具有文化财的价值”这个定义。但是，对于只有正面面临大路两侧 与邻家相接的地皮上修建的建筑物，只有正面的外墙和屋顶是属于“具有文化财的价值”的部分。

附件 1.3　国宝．重要文化财所有者手册

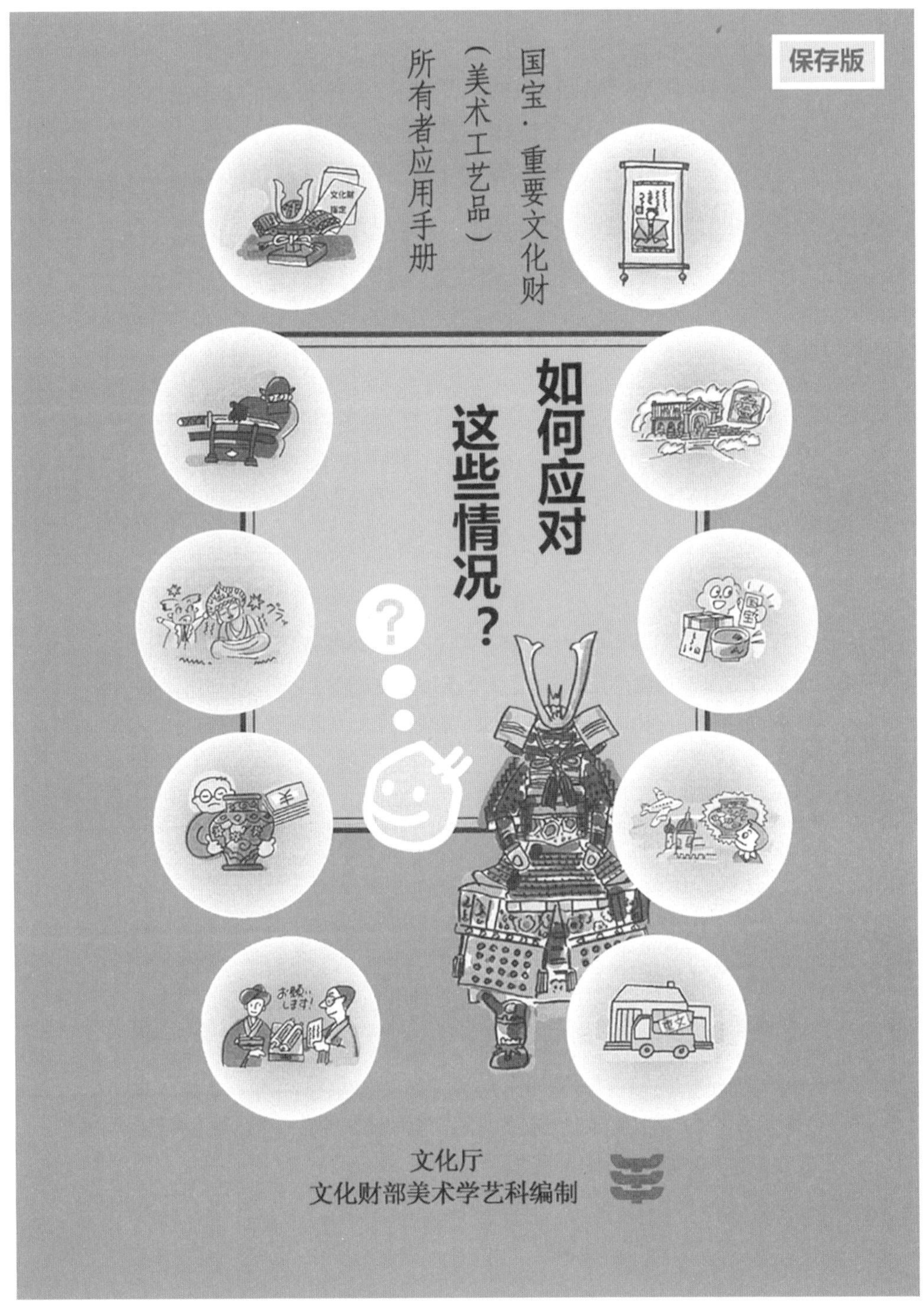

为了守护、传承国宝、重要文化财

接受了国宝、重要文化财的指定后

接受了文部科学大臣对国宝、重要文化财的指定后，对于所指定文化财的所有者就产生了若干项有关保存管理以及公开方面的义务。

所有者的义务等

义务	● 必须妥善管理重要文化财。 ● 尽可能地做到公开重要文化财。
禁止限制	● 除了部分例外情况，严禁出口重要文化财。 ● 变更重要文化财时，必须得到文化厅的许可。

接到了文部科学大臣的指定通知后，通过都道府县教育委员会颁发重要文化财指定证书（或是国宝指定证书）。此证书为公证其所持有的文化财为国家指定文化财的证书，请妥善保管。

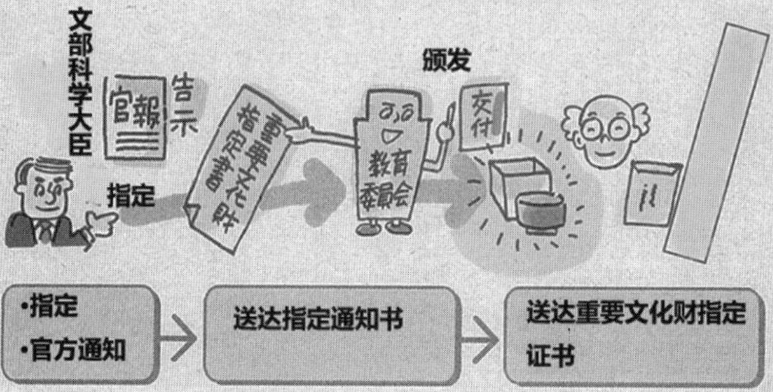

•指定
•官方通知 → 送达指定通知书 → 送达重要文化财指定证书

＊现状变更指的是诸如卷轴变更为挂轴、复位佛像的肢体等，直接并且是物理性改变具有文化财价值部分的情况。

关于日常的保存管理　《文化财保护法》第4条

大部分文化财是由易损坏的纸张、丝绸、木材等做成。我们应在适应这些材质的环境中保存这些文化财。

必须要做好定期盘点、经常清扫、维护好存放环境、防止虫害等日常管理工作。此时，要求根据文化财的材质以及形状采取必要的措施。

近年，纵火、偷盗事件屡有发生。毋庸置疑应该在确保保存环境安全的场所进行保存，对纵火、被盗、地震等也需要多加注意。

关于公开文化财 《文化财保护法》第4条

国宝以及重要文化财是国民的珍贵财产，是必须传承到后世的重要宝藏。

同时，要求尽可能地向广大国民公开展示，努力做到有效利用文化财。

在公开展示文化财时，首先要检查文化财的保存状态，在不影响文化财的范围内，通过将文化财委托给博物馆等具有完善展示环境的设施等，尽最大努力做到向广大国民展示。

下面这些情况时，需要履行哪些程序？

管理方面

常驻国外，想把指定文化财的管理委托

↓

挑选管理责任人

需要提交申请

参见第123页

想变更管理责任人

↓

变更管理责任人

需要提交申请

参见第123页

修复方面

修复持有的指定文化财

↓

修复

需要提交申请

参见第131页

事件·事故

指定文化财遭受到自然灾害而损伤

↓

消失、毁损

需要提交申请

参见第133页

指定文化财被盗

↓

被盗

需要提交申请

参见第133页

指定文化财证书丢失

↓

申请颁发新证书

需要提交申请

参见第135页

变更方面
Sato← Suzuki
因要继承，需
要变更所有者
继承指定
文化财
变更所有者
需要提交申请
参见第 125 页
结婚改性
变更姓氏
需要提交申请
参见第 127 页
重文
因搬家而住所有变
地址变更
需要提交申请
参见第 127 页
由于委托给博馆
或是搬家，指定
文化财的所在地
有变
所在地变更
需要提交申请
参见第 129 页
有偿转让
¥
想有偿转让
指定文化财
需要向国家提交有偿转让申请
需要提交申请
参见第 137 页

① 关于管理责任者事项

管理责任者的选聘、解聘　《文化财保护法》第 31 条

指定文化财的管理基本上由所有者进行。但是当所有者有特殊情况，如因为在国外居住而长期不在等时，可以聘任“管理责任者”代替自己行使管理指定文化财的责任。

完成聘任（解聘）后，从聘任（解聘）之日起 20 天之内，请提交《重要文化财管理责任者的聘任（解聘）申请》（格式 1）。变更管理责任者时，同样也需要提交变更申请。

此外，当所有者或是管理责任者难以管理时，或是管理不恰当时等，也有由文化厅厅长指定地方公共团体或是其他法人进行指定文化财的管理的情况。

注意

- 不能聘用家人以及下属等作为管理责任者。
- 延迟或是提交虚假申请时，处以 5 万日元以下的罚款。

格式 1　重要文化财管理责任者的聘任（解聘）申请

平成　年　月　日

致文化厅厅长：

所有者　地址

姓名　　　印章

注意：由所有者和管理责任者共同署名。

管理责任者　地址

姓名　　　印章

重要文化财管理责任者聘任（解聘）申请

关于重要文化财的管理责任者的聘任（解聘）事宜，根据《文化财保护法》第 31 条第三款以及国宝、重要文化财或是重要有形民俗文化财的管理条例中有关申请规则的第 1 条（第 2 条）的规定，特提出以下申请。

记

1 国宝、重要文化财的名称以及件数

2 指定日期以及指定证书编号

3 国宝、重要文化财指定证书中记载的所在地点

（与当前所在的地点不同时，需要同时填写现在所在的地点）

4 所有者姓名或是名称以及地址

5 管理责任者姓名以及地址

6 管理责任者的职业以及年龄

注意：解聘时无需填写此项。

7 聘任（解聘）日期

8 聘任（解聘）原因

9 其他可参考事项（如解聘时，填写预计有关新管理责任者的聘任，及其他可参考事项等）

② 关于变更的事项

变更所有者时　《文化财保护法》第 32 条

由于继承、赠与、买卖等，获得指定文化财时，新所有者在获得指定文化财的 20 天之内，需要提交指定证书后附的《重要文化财所有者变更申请》(格式 2)。

所有者在变更后，请一定向新所有者说明需要提交变更申请事宜。

此外，在所有者变更申请后，必须附上书面的所有权转移证明。

- 当买卖的情况时，在申请变更所有者之前，需要向国家提交《有偿转让国宝、重要文化财的申请》。详情参见第137页。
- 发生所有者变更时，指定证书必须与指定文化财同时转交给新所有者。
- 延迟递交或是递交虚假申请以及不将指定证书转交给新所有者时，处以 5 万日元以下的罚款。

格式2 重要文化财所有者变更申请

平成 年 月 日

致文化厅厅长：

注意 由新所有者提交申请。

所有者 地址

姓名 印章

重要文化财所有者变更申请

关于重要文化财所有者变更事宜，根据《文化财保护法》第32条第一款以及国宝、重要文化财或是重要有形民俗文化财的管理条例中有关申请规则的第3条的规定，特提出以下申请。

记

1 国宝、重要文化财的名称以及件数
2 指定日期以及指定证书编号
3 国宝或重要文化财指定证书中记载的所在场地
（与当前所在的地点不同时，需要同时填写现在所在的地点）
4 旧所有者姓名或是名称以及地址
5 新所有者姓名或是名称以及地址
6 变更日期
7 变更原因
8 其他可参考事项

变更所有者姓名以及地址时　《文化财保护法》第32条

由于结婚以及搬家，所有者的姓名以及地址有变时，从变更之日起的20日之内，请提交指定证书后附的《重要文化财所有者姓名（地址）变更申请》（格式3）。

- 在提交申请时，一定检查是否与户籍誊本以及住民票上所记载的事项一致。
- 延迟递交或是递交虚假申请时，处以5万日元以下的罚款。

格式 3 重要文化财所有者姓名（地址）变更申请

平成 年 月 日

致文化厅厅长：

所有者 地址
姓名 印章

重要文化财所有者姓名（地址）变更申请

关于重要文化财所有者姓名（地址）变更事宜，根据《文化财保护法》第 32 条第三款以及国宝、重要文化财或是重要有形民俗文化财的管理条例中有关申请规则的第 5 条的规定，特提出以下申请。

记

1 国宝、重要文化财的名称以及件数
2 指定日期以及指定证书编号
3 国宝或重要文化财指定证书中记载的所在地点
（与当前所在的地点不同时，需要同时填写现在所在的地点）
4 变更前的姓名或是名称以及地址
5 变更后的姓名或是名称以及地址
6 变更日期
7 其他可参考事项

变更指定文化财所在地时　《文化财保护法》第 34 条

由于委托给博物馆、搬家等原因使指定文化财的所在地变更时，原则上需要在变更前的 20 日之内提交指定证书后附的《重要文化财所在地变更申请》（格式 4）。

但是，以下的情况作为例外，无需提交所在地变更申请。相关的详情请咨询都道府县教育委员会（请参见第139~140页）。

无需提交申请的事例

- 变更期间为 30 天以内（但是在展览会上的展出需要申请）。
- 接受文化厅的补助，出外修理等的情况。

- 指定文化财转移后，在一年之内返回原来的所在地时，不需要后附指定证书。
- 延迟递交或是递交虚假申请时，处以 5 万日元以下的罚款。

格式 4	重要文化财所在地变更申请

平成　　年　月　日

致文化厅厅长：

所有者　　地址

姓名　　印章

重要文化财所在地变更申请

关于重要文化财所在地变更事宜，根据《文化财保护法》第 34 条以及国宝、重要文化财或是重要有形民俗文化财的管理条例中有关申请规则的第 7 条的规定，特提出以下申请。

记

1 国宝、重要文化财的名称以及件数

2 指定日期以及指定证书编号

3 所有者姓名或是名称以及地址

4 有管理责任者时，其姓名以及地址

5 有管理团体时，其名称以及办公场所地址

6 现所在地点

（与指定证书记载的地点不同时，需要同时填写指定证书记载的地点）

7 变更后的所在地

8 意欲变更的日期

9 意欲变更的理由

10 当现所在地点与指定证书记载的地点不同时，请明确填写将要回到该指定证书记载地点时的理由以及日期

11. 其他可参考事项

8

3 修复指定文化财的情况

修复的情况　《文化财保护法》第 43 条的 2

日本的文化财大多是用纸张、丝绸、木材等制作的纤细的物件。进行修复时，需要注意不要损伤指定文化财。

意欲修复指定文化财时，务必要在与都道府县教育委员会或是文化厅洽谈之后，委托具有一定的知识以及技术水平的修复技术人员进行修复。

修复的准备工作妥当之后，在进行修复的 30 天之前，提交《重要文化财修复申请》（格式 5）。

注意

- 修复之前先与都道府县教育委员会洽谈。
- 延迟递交或是递交虚假申请时，处以 5 万日元以下的罚款。

格式 5 重要文化财修复变更申请

平成 年 月 日

致文化厅厅长：

所有者 地址

姓名 印章

重要文化财修复变更申请

关于重要文化财修复变更事宜，根据《文化财保护法》第 43 条的 2 以及国宝、重要文化财或是重要有形民俗文化财的管理条例中有关申请规则的第 1 条的规定，特提出以下申请。

记

1 国宝、重要文化财的名称以及件数
2 指定日期以及指定证书编号
3 国宝或是重要文化财指定证书中记载的所在地
4 所有者姓名或是名称以及地址
5 有管理责任者时，其姓名以及地址
6 有管理团体时，其名称以及办公场所地址
7 必须修复的理由
8 修复内容以及方法
9 现所在地点与指定证书记载的地点不同时，填写现所在地点
10 因修复变更所在地时，变更后的所在地以及修复后归回的所在地和日期
11 预计开始修复的日期以及完工日期
12 修复人员的姓名或是名称以及住址、代表人的姓名以及办公地址
13 其他可参考事项

遭遇毁损、被盗的情况

消失、毁损、遗失、被盗的情况《文化财保护法》第33条

指定文化财的所有者必须保护指定文化财不被纵火以及盗窃等的人为灾害以及水灾、虫害、地震等的自然灾害破坏。

一旦因地震等灾害使指定文化财受到毁损等时，应尽快报告给都道府县的教育委员会或是文化厅，迅速采取妥善的应急措施。

从得知受损日起的 10 天之内，务必提交《重要文化财（消失、遗失、被盗）申报》（格式 6）。

- 当对管理感到不妥时，请采取委托给当地博物馆等诸如此类的妥善方法进行管理。
- 延迟递交或是递交虚假申请时，处以 5 万日元以下的罚款。

格式 6	重要文化财（消失、遗失、被盗）申报

平成　年　月　日

致文化厅厅长：

所有者　地址
姓名　印章

重要文化财（消失、遗失、被盗）申报

关于重要文化财（消失、遗失、被盗）申报事宜，根据《文化财保护法》第 33 条以及国宝、重要文化财或是重要有形民俗文化财的管理条例中有关申请规则的第 6 条的规定，特提出以下申请。

记

1 国宝、重要文化财的名称以及件数
2 指定日期以及指定证书编号
3 国宝或是重要文化财指定证书中记载的所在地
4 所有者姓名或是名称以及地址
5 有管理责任者时，其姓名以及地址
6 有管理团体时，其名称以及办公场所地址
7 发生消失、毁损、遗失或是被盗事实的日期以及地点
8 发生消失、毁损等事实当时的管理情况
9 发生消失、毁损等的原因以及毁损的情况，损毁程度以及有损毁的地方
10 知道毁损、消失等事实的日期
11 知道毁损、消失等事实后采取的措施以及其他可参考事项

指定证书丢失的情况《国宝、重要文化财指定证书规则》第5条

万一遇到指定时颁发的指定证书遗失等情况时，首先在保管指定文化财的地点以及能想到的地方仔细寻找。

仔细寻找仍然没找到时，向都道府县教育委员会说明情况后，利用《重要文化财（国宝）指定证书重新颁发申请》（格式7），可以申请重新颁发。

注意
- 提交重新颁发申请后，再仔细寻找，直到彻底找不到为止。

格式 7　重要文化财（国宝）指定证书重新颁发申请

平成　年　月　日

致文化厅厅长：

所有者　地址

姓名　印章

重要文化财（国宝）指定证书重新颁发申请

关于申请重要文化财（国宝）指定证书重新颁发事宜，根据《国宝、重要文化财指定证书规则》第 5 条的规定，特提出以下申请。

记

证明遗失、被盗、消失、破损的资料或是破损的指定证书

5 有关指定文化财的买卖事宜

有偿转让的情况　《文化财保护法》第46条

准备有偿转让文化财时，必须事先向文化厅提出申请，在《关于国宝、重要文化财转让给国家的申请》（格式8）中填写受让方以及评估价值等。

此转让申请制度，是通过将文化财公有化，以利于妥善保护，并承认国家有优先收购权的制度。

在递交转让申请时，文化厅必须在30天之内做出收购与否的决定。决定收购时，以申请表中填写的相当的价格与转让方签订合同；不收购时，必须将不收购的决定通知给申请者。

注意

- 因继承、赠与、捐赠等无偿转让文化财时，无需向国家提交转让申请。
- 转让者必须对所转让的指定文化财具有所有权。若有关各方之间因所有权的归属问题发生争议时，待权利确定之后，再提交转让申请。
- 延迟递交或是递交虚假申请时，处以10万日元以下的罚款。

格式 8　关于国宝、重要文化财转让给国家的申请

平成　年　月　日

致文化厅厅长：

所有者　地址

姓名　印章

关于国宝、重要文化财转让给国家的申请

关于国宝、重要文化财转让给国家的申报事宜，根据《文化财保护法》第 46 条以及国宝、重要文化财或是重要有形民俗文化财的管理条例中的有关申请规则第 1 条的规定，特提出以下申请。

记

1 国宝、重要文化财的名称以及件数

2 指定日期以及指定证书编号

3 国宝或是重要文化财的所在地

4 所有者姓名或是名称以及地址

5 有管理责任者时，其姓名以及地址

6 受让方姓名或是名称以及地址

7 评估价值

（当评估价值为现钞之外时，将此以当时的时价为准折合为现钞的价格）

8 其他可参考事项

都道府县教育委员会联系方式

都道府县	主管文化财的科室名科室名称	地址	邮编	电话总机	传真
北海道	教育委员会生涯学校推进局文体科	札幌市中央区北3条西7北海道厅别馆9层	060-8544	011-231-4111	011-232-1076
青森县	教育厅文化财保护科	青森市新镇2-3-1	030-8540	017-722-111	017-734-8280
岩手县	教育委员会生涯学习文化科	盛冈市内丸10-1	020-8570	019-651-3111	019-629-6179
宫城县	教育委员会教育厅文化财保护科	仙台市青叶区本镇3-8-1	980-8423	022-211-2111	022-211-3693
秋田县	教育委员会生涯学习课文化财保护室	秋田市山王3-1-1	010-8580	018-860-111	018-860-5886
山形县	教育厅文化财保护推进科	山形市松波2-8-1	990-8570	023-630-2211	023-630-2874
福岛县	教育委员会文化财科	福岛市杉妻镇2-16	960-8688	024-521-1111	024-521-7974
茨城县	教育厅文化科	水户市笠原镇978-6	310-8588	029-301-1111	029-301-5469
栃木县	教育委员会文化财科	宇都宫市塙田1-1-20	320-8501	028-623-2323	028-301-5469
群马县	教育委员会文化财保护科	前桥市大手镇1-1-1	371-8570	027-223-1111	027-243-7785
埼玉县	教育局市区村支援部生涯学习文化财科	埼玉市浦和区高砂3-15-1	330-9301	048-830-6915	048-830-4965
千叶县	教育委员会教育振兴部文化财科	千叶市中央区市场镇1-1	260-8662	043-223-2110	043-221-8126
东京都	教育厅地方教育支援部管理科	新宿区西新宿2-8-1	163-8001	03-5321-1111	03-5388-1734
神奈川县	教育委员会教育局文化财科	横滨市中区日本大通33	231-8509	045-210-1111	045-210-8939
新潟县	教育委员会文化行政科	新潟市中央区新光镇4-1	950-8570	025-285-5511	025-284-9396
富山县	教育委员会生涯学习文化财室文化财组	富山市新总曲轮1-7	930-8501	076-431-4111	076-444-4434
石川县	教育委员会文化财科	金泽市鞍月1-1	920-8575	076-225-1111	076-225-1843
福井县	教育委员会文化科	福井市大手3-17-1	910-8504	0776-21-1111	0776-20-0672
山梨县	教育委员会学术文化财科	甲府市丸之内1-6-1	400-8504	055-237-1111	055-223-1793
长野县	教育委员会文化财生涯学习科	长野市大字南长野字幅下692-2	380-8570	026-232-0111	026-235-7493
岐阜县	教育委员会社会教育科	岐阜市薮田南2-1-1	500-8570	058-272-1111	058-278-2824
静冈县	教育委员会文化财保护科	静冈市葵区追手镇9-6	420-8601	054-221-1111	054-250-2784
爱知县	教育委员会生涯学习科文化财保护室	名古屋市中区三之丸3-1-2	460-8570	052-961-2111	052-954-6962
三重县	教育委员会社会教育文化财保护室	津市广明镇13	514-8570	059-224-3070	059-224-3022

都道府县	主管文化财的科室名称	地址	邮编	电话总机	传真
滋贺县	教育委员会文化财保护科	大津市京镇 4-1-1	520-8577	077-528-4672	077-528-4956
京都府	教育委员会教育厅指导部文化财保护科	京都市上京区下立売通新镇西入数之内镇	602-8570	075-414-5901	075-414-5897
大阪府	教育委员会事务局文化财保护科	大阪市中央区谷镇 2-3-12（到访以及快递地址）	540-0012	06-694-0351	06-6944-6910
		大阪市中央区大手前 2	540-8571		
兵库县	教育委员会事务局社会教育科文化财室	神户市中央区下山手通 5-10-1	650-8567	078-341-7711	078-362-3927
奈良县	教育委员会文化财保存科	奈良市登大路镇 30	630-8502	0742-22-1101	0742-27-5386
和歌山县	教育厅生涯学习局文化财科	和歌山市小松原通 1-1	640-8585	073-432-4111	073-441-3732
鸟取县	教育委员会文化财科	鸟取市东镇 1-271	680-8570	0857-26-7111	0857-26-8128
岛根县	教育厅文化财科	松江市殿镇 1	690-8502	0852-22-5111	0852-22-5794
冈山县	教育委员会文化财科	冈山市北区内山下 2-4-6	700-8570	086-224-2111	086-224-5591
广岛县	教育委员会文化财科	广岛市中区基镇 9-42	730-8514	082-228-2111	082-211-1201
山口县	教育委员会社会教育文化财科	山口市龙镇 1-1	753-8501	083-933-3111	083-933-4669
德岛县	教育委员会教育文化政策科	德岛市万代镇 1-1	770-8570	088-621-3160	088-621-2886
香川县	教育委员会生涯学习文化财科	高松市天神前 6-1	760-8582	087-831-111	087-831-1912
爱媛县	教育委员会事务局文体部文化财保护科	松山市一番镇 4-4-2	790-8570	089-941-2111	089-912-2974
高知县	教育委员会文化财科	高知市丸之内 1-7-52	780-0850	088-823-1111	088-821-4548
福冈县	教育委员会文化财保护科	福冈市博多区东公园 7-7	812-8575	092-651-1111	092-643-3878

附件二　登录制度与新《文化财保护法》的有关问题

1. 登录制度与迄今为止执行的重要文化财等制度有何不同?

迄今为止的指定制度，是从文化财中严格甄选出重要物件，进行重点指定，并对所有者施以一定的制约，从而保护珍贵的国民财产的制度。

因此，重要文化财的建筑物是从各个时代或是类型中评估出的典型建筑物。对于被指定的建筑物，在将要变更其现状时，虽然制定了必须要得到文化厅厅长批准等强制规定，但与此同时也制定了在进行修复时，可以得到国库补助等诸如此类的优惠措施。

而登录制度则是将未被国家和地方政府指定为文化财的建筑物作为对象，经鉴定其具有文化财的价值时，将在保存以及利用上需要采取特别措施的建筑物进行大范围的登录，通过实施宽松的保护措施，希望所有者可以自我进行保护的制度。

成为登录对象的建筑物中，形式多样并且大量存在的近代文化财是主要部分。但因为近年来开发项目的进展等社会的飞速变化，一些文化财在评估后不久便随即消失。对于登录后变更现状的制约，也仅限于向文化厅厅长提交申报等这样最低限度的制约。与税收方面的优惠措施相配合，希望在得到所有者配合的同时，力求达到保护的目的。

表1（参考）　登录制度和国家指定制度的比较

	登录有形文化财	重要文化财（建筑物）
目的	促进所有者自我进行保护，确保达到在广泛的范围内有效保护文化财的目的	通过强行制约和优惠保护措施达到永久性保护的目的
保护对象	具有作为文化财的价值，为了保存以及利用，需要采取特别措施的建筑物	有形文化财中的重要建筑物（各时代或是类型中具有典型性，经过严格甄选的建筑物）

续表

		登录有形文化财	重要文化财（建筑物）
标准		建筑物、土木结构建筑物以及其他建筑物（不包括国家及地方政府指定的建筑物）中，原则上完工后经过50年并且符合（1）有助于国土历史性景观；（2）为造型的典范；（3）不易再建中的任意一条的建筑物	建筑物、土木结构建筑物以及其他建筑中符合（1）在构思上极为优秀的；（2）在技术上极为优秀的；（3）具有很高的历史价值；（4）具有很高的学术价值；（5）具有明显的地方或是流派特色中任意一条并且为各时代或是类型的典范的建筑物
手续	审查人	文部大臣	文部大臣
	调查审议	文化财保护审议会	文化财保护审议会
	所有者的同意	在制度规定中不需要，但是在利用时需要得到所有者的同意	在制度规定中不需要，但是在利用时需要得到所有者的同意
	指定（登录）之前的程序	（所有者同意）→听取相关地方政府的意见→向文化财保护审议会咨询并得到其答复→登录在文化财登录原始记录上→在官方报纸上公布、向所有者发出通知	（所有者同意）→向文化财保护审议会咨询并得到其答复→在官方报纸上公布、向所有者发出通知
制约	变更现状	必要的指导、建议或是劝告	必要的指示、停止变更行为、取消批准
	影响保存的行为	无规定	批准（不包括轻微的行为）、必要的指示、停止变更行为、取消批准
	环境保护	无规定	规定区域、限制和禁止某些行为、下达采取必要设施的命令
	管理或是修复	由所有者进行： 遵守法令的义务、选任管理责任者、提交变更所有者等申请、提交消失或毁损的申报	由所有者进行： 遵守法令的义务、选任管理责任者、提交变更所有者等申请、提交消失或毁损的申报、申请修复、申请出售给国家 由国家进行： 技术性指导、建议、有关管理的命令或是劝告、有关修复的命令或是劝告、管理或是修复补助、必要的指示、出口原则上的禁止（批准）

续表

<table>
<tr><th colspan="2"></th><th>登录有形文化财</th><th>重要文化财（建筑物）</th></tr>
<tr><td rowspan="3">公开</td><td>由所有者进行的公开展示</td><td>有关管理的必要指导或是建议</td><td>劝告、有关管理的必要指示、下达停止或是中止公开的命令</td></tr>
<tr><td>由非所有者进行的公开展示</td><td>无规定</td><td>批准、必要的指示（包括管理）、停止公开展示、取消批准</td></tr>
<tr><td>其他</td><td></td><td>对展品的劝告、命令</td></tr>
<tr><td colspan="2">调查</td><td>报告现状、管理、修复的情况</td><td>报告现状、管理、修复、环境保护的情况、现场实地考察</td></tr>
<tr><td rowspan="3">管理团体</td><td>手续</td><td>指定相关地方政府的申请以及听取意见（需取得该团体、所有者、基于产权的占有者的同意）</td><td>指定（需取得该团体、所有者、基于产权的占有者的同意）</td></tr>
<tr><td>职权</td><td>管理、修复、公开展示</td><td>管理、修复、公开展示</td></tr>
<tr><td>地方政府的职责</td><td>可对有关管理、修复、公开以及其他保存和利用经费进行补助、呈报意见、转交文件、作为管理团体进行管理、登录时陈述意见、申请指定管理团体、提出意见等</td><td>可对有关管理、修复、公开以及其他保存和利用经费进行补助、呈报意见、转交文件、作为管理团体进行管理</td></tr>
</table>

2. 被指定的文化财和被登录的文化财有怎样的关系？没被登录的话，就不能被指定为重要文化财吗？

在《文化财保护法》中，制定了从文化财中指定重要物件，对其文化财的所有者进行某些制约，保护珍贵的国民财产的指定制度。

但是，由于近年来社会的变化以及围绕着保护文化财的情况的变化，为了将大范围的文化财传给后世，仅仅依靠严格甄选重要的文化财、严格的制约和优惠措施并行的指定制度显然是远远不够的，在保护文化财方面需要多样化的手段。

因此，在这次修订法律时，将申请制度和采取以指导、建议、劝告为基本的宽松保护措施的文化财登录制度，作为国家和地方政府指定制度的补充制度，添加在了《文化财保护法》中。

依据这个宗旨，登录制度的对象是被指定为国宝、重要文化财以及根据条例由地方政府指定之外的文化财，不对国家以及地方政府指定的文化财进行登录。

此外，在新增文化财登录制度之后，重要文化财的指定仍和之前同样进行。这样被登录的建筑物，通过学术性调查，在被认为具有代表性并需要被指定而进行保护时，则取消对其的登录，进行指定。另外，不仅限于登录建筑物，登录之外的建筑物也可以成为指定的对象。

3. 登录制度是以建筑物为对象吗？为什么？以后美术工艺品、民俗文化财、史迹等也会被制度化吗？

登录制度目前是主要以建筑物为对象的，我们认为这是因为由于近年来的开发等，建筑物处于受到社会评估之后不久就消失的危机之中，必须采取特别紧急的保护。另外，在现有的制度中，除了建筑物的指定制度之外，再无别的保护方法。因此，在建筑物领域中，通过制定申请制度和采取以指导、建议、劝告为基本的宽松保护措施的登录制度，希望能激发所有者的自发保护行为，力求做到以多种形式保护文化财，达到保护以近代为主的多种形式建筑物的目的。

关于在文化财的各个领域中，在哪些领域可以执行登录制度的问题，回答如下。

（1）该领域的指定制度和其他的现行制度不足以应对出现的问题，有需要紧急保护的物件。

（2）通过文化厅以及相关学会的调查，所掌握的该领域需要保护的对象在不断增加。

（3）从该领域的文化财特性来看，采取宽松保护措施的登录制度可以有效的补充指定制度，有助于充实文化财的保护。

（4）相关学会以及地方政府等相关者，希望在该领域执行登录制度。

从这些情况考虑，就有必要对建立登录制度分别进行讨论。

在根据上述情况进行讨论时，对于其他文化财领域，我们目前认为没有比建筑物更加具有必要性和紧急性。但是，对于近代历史资料以及民俗文化财等领域，今后还要进行与有关学会的联盟以及必要的全国性调查，在努力掌握应保存和利用的文化财同时，不能仅限于登录制度，还要研究适合各个领域的应有的保护方法。

4. “鉴于其作为文化财的价值，在保存和利用上需要采取特别保护措施的物件”是被登录的物件吗？实际上什么样的物件可以成为登录对象？

登录制度与指定制度同样，登录的标准（登录有形文化财登录标准）需要在官方报纸上公示。标准的内容为在建筑物、土木结构建筑物以及其他建筑物（除了国家以及地方政府指定的建筑物）中，原则上完工后经过50年，并且符合（1）有助于国土的历史性景观；（2）造型的典范；（3）不易重建这三条中任一条的建筑物均为登录对象，具体的需要由文化厅、地方政府、相关学会等通过调查进行评估。

“有助于国土的历史性景观”指的是，在意识到是所形成国土的地方独有的历史性景观上，有其独特存在必要的建筑物。例如，在绘画、照片、电影、文学、歌谣等中引用的建筑物（如浮世绘中画出的建筑物、歌谣中出现的桥）、成为地名来源的建筑物、对于土地的理解密切相关的建筑物、具有特别称谓等的建筑物以及在当地人所皆知的建筑物等。

“造型的典范”指的是，在当下或是过去的时点进行建设行为时，被公认为是典范的建筑物。例如，拥有完美比例以及绝妙设计等的建筑物（如哥特式教堂、古典风格的银行）、名家设计者或是施工者参与建设的建筑物、之后成为某个类型初期的建筑物（如昭和初期的现代主义建筑）、具有时代或是类型特色的建筑物（如茅草屋顶的农房、贴有护墙板的西洋式馆所）。

“不易重建”指的是，完成建设后经过了50年（以100年为准），现在要是重新建设同样建筑的话，需要大规模经费，另外也难以完成建设的建筑物。例如，建设时所用的技术以及技能水平很高的建筑物（如外涂泥灰墙的住宅、具有优美栏杆雕刻的书院）、使用的是现在很少用的技术以及技能建造的建筑物（如涂黑砂浆的城市住宅）、具有特异或特殊形态以及构思奇巧的建筑物。

登录制度是为了应对近代的多种形式而且是大量的文化财处于消失危机的情况下而制定的，所以登录的对象是以近代建筑物为主。但是，也包括近代早期之前的建筑物。

此外，即使在指定制度中，今后也要时刻重视积极推进近代建筑物的指定。诸如在平成八年（1996年）2月修订的《国宝以及重要文化财的指定标准》中考虑到了为了能够保护近代中多数的土木结构建筑，以及很多可能成为指定对象的土木结构建筑，所以将修订前的标准中作为“其他建筑物”处理的土木结构建筑物，在指定标准中给予了明确的定位。

5. 已经被登录为文化财被都道府县以及市镇村指定时，可以取消登录吗?

这次新增设的登录制度，不仅是作为补充国家的指定制度，也是补充地方政府的指定制度而制定的制度。因此，在登录时是以被指定为国宝、重要文化财以及被地方政府根据条例指定之外的文化财为对象，如果被国家以及地方政府指定的话，则取消登录。

这样做是因为当国家以及地方政府的指定和国家的登录重复时，就会对所有者产生一个双重制约，在指定之内不做登录，是希望对该文化财进行更妥当的保护。

在这次的修订中，地方政府在进行指定时，无论其指定制度的内容如何，必须取消登录。关于地方政府的指定制度，根据法第98条第2款的规定，地方政府根据相关的条例，可以指定文化财，但是关于应该对什么样内容的指定制度进行完善的问题，在《文化财保护法》上没有进行特别的规定。另外，根据各地的实际情况，我们认为可以完善各地方政府的指定制度。

因此，与其在国家的登录制度中逐一斟酌地方政府指定制度的内容，采取能够判断出国家登录制度和地方政府指定制度之间的关系这样的构架，倒不如说是有损地方政府在保护文化财政务中的自主性。根据作为补充国家以及地方政府指定制度的登录制度的主要旨意，国家的登录对象是国家以及地方政府指定物件之外的文化财。

6. 已经被都道府县以及市镇村指定为文化财的物件，其所在的都道府县以及市镇村提出希望变更为登录文化财时，可以变更为登录文化财吗？另外，其文化财的所有者希望其为登录文化财时应该如何办理？

指定制度是甄别具有很高价值的文化财，通过对其所有者等进行强行的制约和优厚的补助，以求对文化财进行永久性保存的制度。而登录制度是对没被国家以及地方政府指定的文化财，通过宽松的制约和灵活的运用保护措施，大范围的掌握文化财，在确保有一个好的保护开端的同时，力求在补充指定制度的同时达到保护文化财效果的制度。

在《文化财保护法》中规定登录制度作为指定制度的补充制度，具体规定是已被国家或是地方政府指定的物件不能进行登录，登录的建筑物已被国家或是地方政府指定时，必须取消该登录。

因此在制定制度时，对于地方政府指定的物件，没有假设解除其指定由国家进行登录的情况。

登录制度即使对于地方政府的指定制度也是一种补充制度，地方政府对于那些在其所在区域属于重要文化财而被指定的物件，除了认为指定为国家重要文化财比较合适的情况之外，我们认为最好还是继续通过该指定力求做到妥善的保护。

另外，即使是所有者因为太过严格的制约，提出想变更为登录文化财的要求，从保护珍贵的国民文化财的角度来看，我们认为接受其要求并不妥当。对于有这种请求时，应向所有者充分说明指定制度的运用等，努力求得所有者的理解和合作。

7. 我住的地区已经有文化财登录制度了，我们应该怎么看待本地区的登录制度和国家登录制度的关系？

通过这次修订法律而新增的文化财登录制度，是作为补充国家和地方政府的指定制度而新增的制度。虽然在现在的《文化财保护法》上没有给与定位，但是，根据《地方自治法》第14条第一款的规定，地方政府根据自我判断，可以制定与保护文化财相关的条例。

因此，截止到平成八年（1996年）3月，除了在全国26个府、市、镇、村、特别行政区中都根据《文化财保护条例》各自实施了登录制度之外，部分地方政府也根据

《景观条例》采用了登录制度，故存在着各种形式的登录制度。

关于这样的地方政府的登录制度和国家的登录制度之间的关系，我们必须要考虑到，由于双重的制约，会给所有者的负担过重。

由国家进行登录时，根据法第56条的2的第二款规定，需要听取作为登录对象的有形文化财所在地的地方政府的意见，对于其有形文化财，采取的是首先确认地方政府是否已经登录的措施。

当地方政府已经登录时，从避免所有者受到双重制约的角度出发，国家的登录有必要慎重进行。

另一方面，对于地方政府计划登录的文化财已经被国家登录情况的处理，虽然在《文化财保护法》上没有做出规定，但是，仍然是从避免所有者受到双重制约的角度考虑为好。因此，地方政府在新登录文化财时，最好是事先办理确认国家文化财登录原始记录的手续。

8. 地方政府的登录制度没有像指定制度那样加进法律中，那么可以制定地方政府独立的登录制度吗?

在这次修订法律时，没有在法律中制定地方政府建立登录制度的法律依据，这是因为：

（1）国家的登录制度，是作为国家的指定制度和地方政府的指定制度的补充制度而建立的，所以就没有必要在法律上对地方政府的登录制度予以定位。

（2）现在有的地方政府已经建立了登录制度，其性质、制约内容等多种多样，所以如果将地方政府的登录制度在法律上予以定位的话，反而会招致混乱。不仅如此，恐怕还会对今后将要建立登录制度的地方政府，在判断上造成一定的约束。

但是，各地方政府根据条例，可以建立各自的文化财登录制度，在制定制度时，对于文化财对象的范围、与登录文化财有关的保护措施的内容等，各地方政府可以根据各自的判断进行制定。

此外，截止到平成八年（1996年）3月，在全国有26个地方政府已经建立了登录制度，在这些登录制度中有如下的内容。

（1）登录制度担负起了补充指定制度的职责。

（2）从被登录的物件中进行指定，登录制度作为指定的前一个阶段的职责。

（3）只向本地区的居民告知存在有文化财，登录制度担负起这种公示的职责。

（4）登录制度是从国家以及县指定的物件中进行登录。

另外，在部分地方政府中，采用的是依据《景观条例》制定的登录制度。

9. 其他国家也有登录制度吗？如果有的话，请介绍一下概要和现状。

文化财登录制度已经在以欧洲为首的一些国家根深蒂固，对保存文化财发挥了很大的作用。

例如，在法国，根据《关于历史性纪念物的1913年12月31日法律》，将某些从历史、美术的角度看来将其保存会有利于公共利益的不动产指定为历史性纪念物，被指定的不动产如果没有主管文化的国务大臣批准的话，不能进行拆除以及修复。即使在国家没有进行紧急指定的情况下，对于公认的最好能够进行保护的不动产，可以登录在附录中，所有者在计划变更所登录的不动产时，有提前2个月向国务大臣提交申请的义务。

在美国，根据《古代遗物法》，联邦政府将属于政府所有的物件中，指定历史性纪念物、历史及史前建筑物，以及其他在历史上、科学上重要的物件，并对历史性环境进行保护，被指定的物件在变更其现状时，必须要经过批准。另一方面，根据《国家历史保护法》，对历史、建筑、考古、文化中重要的地区、遗址、建筑物、结构物等历史性遗产，在全部予以保全的目的下进行登录，登录之后，在需要变更现状时，必须向所在的州提出申报。

在英国，根据《花园城市规划法》，采取的是必须将遗址以及历史性建筑物登录在由大臣编制的、受到公认的账簿中的措施。登录物件按照等级高低分为Grade I（大约占登录物件的2%）、Grade II（大约占登录物件的4%）。变更现状时采取的是批准制度，等级越高制约也越严格。另外，为了在重税以及高额的维护费中保护具有很高的历史或是建筑价值的建筑物等，根据《历史性建筑物以及古代纪念物法》，执行的是有关收购的补助政策。

此外，关于各国根据登录制度进行保护的建筑物的件数，法国大约是两万七千件（截止到1995年），美国大约是五万两千件（截止到1988年），英国（英格兰）大约是四十四万一千件（截止到1993年）。

10. 登录之后有什么好处？修缮时能得到什么补助吗？另外在税收上有什么优惠措施吗？

在税收方面，被登录的建筑物与相关的土地等可以减免二分之一的地价税；对于房屋，根据所在市镇村的实际情况，可以将固定资产税减少到一半以下。

另外，在融资方面，修复登录的建筑物时，对于登录建筑物的利用、维护所需的部分经费，可以从日本开发银行以及北海道东北开发金融合作社低息贷款。

在本次修订法律的国会审议中，众议院和参议院的文教委员提出了为了努力充实完善对登录建筑物修复补助等援助措施，向政府请求考虑此问题的附带决议草案，根据此决议草案的主要旨意，今后，为了登录制度作为新的保护制度能够充分发挥作用，决定采取包括财政上的援助措施在内的必要措施。

此外，与重要文化财不同，对于登录建筑物的援助规定没有写入《文化财保护法》中。这是因为两种制度的主要旨意不同，指定制度重点是严格甄选文化财中重要的物件，为了对其进行保护，在对变更现状等进行强行制约的同时，对于所有者进行了优厚的援助。与此相对，登录制度的情况是，对那些为了保存以及利用而需要采取必要措施的文化财进行大范围登录，通过赋予最低限度的义务，而促进所有者采取保护措施。

表 2（参考）　登录有形文化财和重要文化财援助措施的比较

	登录有形文化财	重要文化财
税制措施	1. 地价税（《地价税法施行令》第 17 条第三款） 对于与登录建筑物相关的土地，应计入课税额的价额为该土地等价格的二分之一。 2. 固定资产税（《自治省通告》） 关于登录建筑物的房屋，在税额的二分之一以内适当减免是合适的，特此通告。	1. 地价税（《地价税法》第 6 条） 2. 固定资产税（《地方税法》第 348 条第二款） 房屋及地皮免税。 3. 法人税（《租税特别措施法》第 65 条的 3） 向国家或是地方政府转让时，从与土地相关转让所得中扣除 2 千万日元。 4. 所得税（《租税特别措施法》第 34 条、第 40 条的 2 第一款） 向国家或是地方政府转让时，从与土地相关转让所得中扣除 2 千万日元，不包括土地的转让所得税。 5. 特种土地税（《地方税法》第 586 条第二款） 房屋及地皮免税。 6. 城市规划税（《地方税法》第 702 条的 2 第二款） 房屋或地皮免税。 7. 继承税（《国税厅厅长通告》） 对于只用于居住的民宅，对其房屋以及地皮，可以在继承财产评估价额中适当减额。
低息贷款（日本开发银行、北海道东北开发金融合作社）	对利用以及维护登录文化财建筑物的项目进行低息贷款	对利用以及维护重要文化财建筑物的项目进行低息贷款

11. 被登录后，所有者应担负哪些义务?

登录制度是通过登录被指定为国宝、重要文化财以及地方政府根据条例指定之外的文化财，确保对登录文化财的保护有个良好的开端，在尊重该登录建筑物所有者意见的同时，还希望所有者能够有自发的保护行为的制度。因此，与指定制度相比，登录制度在对所有者私权的制约上更为宽松。

该制度对登录建筑物的所有者赋予了以下义务。

（1）在变更所有者、选聘、解聘、变更管理责任者、变更所有者或是管理责任者的姓名、名称或是地址时，必须在规定时间内提出申报。

（2）对于管理团体应进行的管理、修复等，若无正当理由，不能回避。

（3）对登录建筑物的消失或是毁损必须提出申报。

（4）当需要变更登录建筑物现状时，必须事先提出申请。

（5）必须提交文化厅厅长要求提交的登录建筑物现状等的报告。

（6）取消登录时须返还登录证，变更所有者时须转交登录证。

这是登录制度为了确保文化财保护实效性而赋予的最低限度的义务。

此外，违反这些规定的义务时，将处以行政处罚（行政罚款）。

12. 没有所有者的同意，也可以进行登录吗?

在登录制度中规定，对于“鉴于其作为文化财的价值，需要在保存以及利用方面对其采取特别措施的物件”，文部大臣需在听取有关地方政府的意见之后，咨询文化财保护审议会，在得到答复后将其登录在文化财登录原始记录上。

在《文化财保护法》上明确规定了文部大臣通过职权进行登录的事项，但没有将在登录时需征得文化财所有者同意作为必须的条件。

这是因为假设了所有者不同意登录的情况。对于这种情况，从充分保护珍贵的国民文化财的角度考虑，所要求的与所有者意见无关的登录在制度上也就成为了可能。

在登录制度中，没有对所有者的所有权以及财产权进行大幅度的制约，只限于在变更现状等情况时提交申请的义务（参见第11问）。因此，不将所有者的同意作为法律上登录的必要条件，从充分保护珍贵的国民文化财的角度来看，我们认为也能得到所有者以及国民的理解。

虽然所有者的同意没有成为法律上的必要条件，但是为了保护文化财的政务能够顺利进行，在按照制度执行时，要在努力征得所有者的同意之后进行登录。

此外，在指定制度中，与登录制度同样，所有者的同意不作为法律上的必要条件，但是在执行制度时，要努力做到征得所有者同意之后进行指定。

13. 在文化财所有者同意时，是否可以选择国家的指定或是登录呢？

关于对于文化财是选择指定还是登录的问题，是由文部大臣按照指定标准以及登录标准进行判断，随后需要咨询文化财保护审议会，在得到答复之后进行的。

另外，指定制度是在文化财中重点甄选重要的物件（各个时代或是类型中典型的物件）进行指定，登录制度是根据其作为文化财的价值，对于特别需要保护的物件进行大范围登录。因此，登录标准是包括指定标准的，满足指定标准的话，就会满足所有的登录标准，但是满足登录标准却不一定满足指定标准，在不满足指定标准的情况下就不能指定。

因此，是指定还是登录，不是所有者所能够选择以及寄以希望的。

但是，在执行制度时，为了保护文化财的政务能够顺利进行，都是在征得所有者同意之后进行指定或是登录的（参见第 12 问）。对于没有征得所有者同意的物件，是不会进行指定以及登录的。

所以，当将要指定的文化财的所有者不同意指定而同意登录时，若通过登录能够采取必要的保护措施的话，那就先通过登录促进所有者对保护文化财的理解和觉悟，并为其今后能够同意指定发挥作用。

14. 登录时的规定是“听取相关地方政府的意见”，这个相关地方政府指的是什么？另外，他们的意见在多大程度上可以作为参考呢？

法律规定文部大臣在登录文化财时，需要事先听取所在地区负责保护文化财的相关地方政府的意见，以保证登录制度能够顺利、正确无误地进行。

“相关地方政府”指的是，在登录文化财时，从保护文化财的角度考虑，认为适当的可以听取意见的地方政府，具体的就是该文化财所在的都道府县、市镇村、特别行政区等。

听取意见的具体手续是，由文化厅通过公函向这些相关的地方政府进行咨询，该文化财所在的市镇村、特别行政区在接到咨询后，首先用公函的形式向所在的都道府县提出意见，都道府县将这些意见转交给文化厅的同时，也要用公函提出自己的意见。

在登录时，需要听取相关地方政府意见是因为：

（1）地方政府在实施各自的登录制度时，国家的登录和地方政府的登录会有重复，为了不给所有者造成双重制约，需要事先进行确认。

（2）登录制度不仅是对国家指定制度的补充，也是对地方政府指定制度的补充，如果地方政府进行了指定，就要取消登录。所以，确认包括所在地的地方政府对该文化财将来是否有指定的意思等，对于决定国家登录的意向是妥当的。

对于相关地方政府提出的意见，在登录时应该充分加以尊重。此外，当相关的地方政府之间有不同意见时，从全国整体的角度考虑对于该文化财的保护，应争取在被认为最恰当的方向上，使相关的地方政府达成共识。

15. 所有者以及居民集体提出的申请以及地方政府的推荐被承认吗？

在登录制度中规定，对于“鉴于其作为文化财的价值，需要在保存以及利用方面对其采取特别措施的物件”，文部大臣在听取有关地方政府的意见之后，经过咨询文化财保护审议会并得到答复后，进行登录。与指定制度同样，登录制度中没有将所有者等提出的申请以及地方政府的推荐作为登录的必要条件和手续加以规定。

但是，因为地方政府与所在地区的文化财有密切的关系，所以即使对于国家来说，地方政府的意见也极有参考价值，所反应的地方上的情况，对于开展更加充实的保护文化财的政务是很有必要的。

从最早的《文化财保护法》中就有规定，都道府县教育委员可以向文部大臣以及文化厅厅长呈报有关所在地区内文化财的保存、利用的意见。通过这次的修订，规定对于市镇村教育委员会也可以同样向文部大臣以及文化厅厅长呈报意见。

因此，我们认为实际上地方政府在得到所有者的同意后，可以呈报对所在地区应该登录文化财的意见。在有了这样的呈报意见时，再按照登录标准进行研讨，如果判断出其文化财符合登录标准的话，就可以进行登录手续了。

另外，关于所有者以及居民集体提交申请之事，作为参考信息，可在执行中灵活运用。

16. “文化财登录原始记录”是什么样的账簿？另外被登录的文化财数据会在全国公开吗？

文部大臣对于“鉴于其作为文化财的价值，需要在保存以及利用方面对其采取特别措施的物件”，经过必要的手续之后登录在文化财登录原始记录上。规定在此“文化财登录原始记录”上需要记载以下被登录文化财的各个事项（《登录文化财相关的登录手续以及申请书等的规则》第1条）。

（1）登录建筑物的名称、数量

（2）登录日期、登录编号

（3）登录建筑物所在的地点

（4）所有者姓名、名称、地址

（5）登录建筑物的结构、形式、尺寸

（6）登录建筑物的建设年代或是时代

（7）其他可以作为参考的事项

文化财登录原始记录可以在文化厅阅览。另外，关于在文化财登录原始记录中的文化财的数据，现在正在研究通过文化财信息系统、美术信息系统等，向国民提供便于利用的信息。通过联网全国的国立、公立博物馆等构筑文化财信息系统以及美术信息系统是现在正在进行的，作为其中的一个环节，文化厅也正在建造重要文化财等国家指定文化财的信息系统。即使对于登录建筑物，也计划建立基本信息的数据库，以便于广泛的利用。

此外，在《文化财保护法》上没有规定阅览文化财登录原始记录，这是因为文化财登录原始记录不对第三方的反对必要条件产生法律依据，所以没必要假设特定者。

17. **文化财被登录时怎么才能知道？颁发登录证明吗？**

法律规定文化财在文化财登录原始记录上登录时，须尽快在官方报纸上公告，同时向被登录文化财所有者发出通知（法第 56 条的 2 第一款）。

将登录的情况公布在官方报纸上，是希望将登录了国民珍贵文化财的事实为国民广为告知，得到广大国民对登录建筑物保存和利用的理解与支持。

向所有者发出通知，是因为这次制定的文化财登录制度是文部大臣行使职权进行登录，不是通过申请进行登录。因此，通过登录会受到一定制约的所有者，在将文化财记载在文化财登录原始记录的时候，还不知道已被登录，所以需要通知所有者已被登录的事实。

此外规定，在登录后，文部大臣必须将登录证交给该文化财所有者。登录证是该文化财已被登录的证明，通过颁发登录证，促使所有者的自发保护行为。另外，对进行实际修复的技术员以及参观访问的第三方可以出示登录证，让大家知道这是登录建筑物。

在登录证上，规定需要记载以下事项（《登录有形文化财相关的登录手续以及申请书等的规则》第 2 条）。

（1）登录建筑物的名称、数量

（2）登录日期、登录编号

（3）登录建筑物所在的地点

（4）所有者姓名、名称、地址

（5）登录建筑物的结构、形式、尺寸

18. **因继承等原因变更所有者时，需要办理哪些手续？**

由于继承以及转让等原因，变更登录建筑物的所有者时，新所有者必须在 20 日之内在书面申请的后面附上原所有者交给的登录证，提交给文化厅厅长。

在申请书上除了要写有以下的规定事项之外，还必须附上所有权转移证明（《登录有形文化财相关的登录手续以及申请书等的规则》第 7 条）。

（1）登录建筑物的名称、数量

（2）登录日期、登录编号

（3）登录建筑物所在的地点（与现地点不同时，需要同时记入现在的地点）

（4）原所有者姓名、名称、地址

（5）新所有者姓名、名称、地址

（6）变更日期

（7）变更原因

（8）其他可以作为参考的事项

在登录建筑物的所有者变更后，原所有者在交付其建筑物的同时，必须将登录证交给新所有者。

另外规定，登录证丢失、被盗、灭失、破损时，登录建筑物的所有者可以持有足以证明这些事实的书面证明或是附上破损的登录证，申请颁发新的登录证。当确认其申请的事实无误后，可以颁发新的登录证（《登录有形文化财相关的登录手续以及申请书等的规则》第 4 条）。

19. 被登录的文化财可以买卖吗？有被国家收购的情况吗？

登录建筑物和重要文化财同样，可以成为买卖的对象。因买卖登录建筑物而变更所有者时，需要将记载有规定事项的变更所有者书面申请，提交给文化厅厅长（参考第 18 问）。

登录制度是在大范围内登录形式多样且大量为近代的建筑物，并希望所有者进行自主保护的制度。鉴于这样的主要旨意，由国家购买登录建筑物、对购买登录建筑物的管理团体给予补助等不在计划之内。

此外，指定制度是重点甄选文化财，对日本极为有价值的物件通过强行制约和优厚保护措施力求达到永久性保存的制度。因此，在买卖重要文化财时，出售文化财者须首先向文化厅厅长提交出售申请。在这种情况下，文化厅厅长需在 30 天之内，向所有者通知是否收购，所有者在此期间不能出售文化财。

另外，作为管理团体的地方政府以及其他法人，为了保存所管理的重要文化财，在收购特别需要收购的物件时，国家可以补助一部分收购所需经费。

20. 需要修缮被登录的建筑物以及日常利用时，有什么样的限制？

登录制度是在尊重文化财所有者意思的同时，希望所有者能自发的保护文化财的制度。很多作为登录对象的近代建筑物，至今仍在用于各种用途，估计大部分将来还会继续使用，所以对登录建筑物的制约比较宽松。

关于登录建筑物，对所有者在巡视、除草、打扫、排水、检查防火设施等的维护行为，设置标识、说明板等的行为，防止漏雨加盖苫布等的应急措施，进行日常利用的行为等方面都没有特别的限制。

另外，即使在修复登录建筑物时，如果是小范围的修复，只要不影响其作为文化财的价值，可免除提交申请的义务（参见第21问）。

对于大规模改建登录建筑物，变更该建筑物的现状时，需要在进行其行为的30日之前，向文化厅厅长提交申请。这是因为担心由于变更该建筑的现状而直接造成物理变化。为了便于掌握这种变化对登录建筑物造成的影响，维护其作为文化财的价值，文化厅厅长可以对其变更行为进行适当的指导和提出建议。

变更现状的书面申请必须记载以下的事项（《登录有形文化财相关的登录手续以及申请书等的规则》第12条）。

（1）登录建筑物的名称、数量

（2）登录日期、登录编号

（3）登录建筑物的登录证上记载的所在地点（与现地点不同时，需要同时记入现在的地点）

（4）所有者姓名、名称、地址

（5）有管理责任者时，其姓名、地址

（6）有管理团体时，其名称、办公地址

（7）提交申请者姓名、名称、地址（为法人时，其法人代表的姓名）

（8）变更现状的原因

（9）变更现状的内容以及实施方法

（10）迁址时，迁址后所在的地点

（11）预计变更现状的开工日期、完工日期

（12）与变更现状相关的工程以及其他行为的施行者姓名、名称、地址（为法人时，其法人代表的姓名）

（13）其他可作为参考的事项

另外，在上述申请书后必须附上以下的文件（《登录有形文化财相关的登录手续以及申请书等的规则》第13条）。

（1）变更现状的设计规格书、设计图

（2）需要变更现状建筑物的照片

（3）申请者为所有者之外时，所有者的意见书

（4）有管理责任者，申请者为管理责任者之外时，管理责任者的意见书

（5）有管理团体，申请者为管理团体之外时，管理团体的意见书

21. 需要事先提交申请的“变更现状”具体是什么样的变更?

“变更现状”说的是，在对于登录建筑物进行的修复中，对其具有作为文化财价值的部分造成了物理性的变化。

例如，扩大登录建筑物的地板面积、增加其层数的扩建行为，以及将作为登录建筑物的红砖建造的桥梁表面重新涂上灰浆从而改变了其外观等的行为，都属于“变更现状”的行为。

“变更现状”的行为还分为影响登录建筑物价值的行为和其之外的行为。需要变更现状者，对于前者除非有特殊情况，否则必须提出申请。对于后者，如果是“维护行为”①，则无需提交申请。

前者中的特殊情况为：(1) 因特大灾难而采取紧急救援时；(2) 对于依据其他法律规定（例如《建筑物标准法》上的补救命令等）而下达的变更现状内容的命令而采取措施时。

“维护行为”指的是符合下列事项的行为（《登录有形文化财相关的登录手续以及申请书等的规则》第 15 条）。

(1) 变更在通常能看得到的登录建筑物原状（对于登录后提出申请变更现状的建筑物，该现状为变更后的原状）外观②范围的四分之一以内的行为（迁址的情况除外）。

(2) 能够明确预料到登录建筑物正在被损毁或是可能会被损毁时，为了防止该损毁范围的扩大和发生而采取应急措施的行为③。

22. 必须要遵守文化厅厅长对“变更现状的申请”提出的“指导、建议或是劝告”吗?

在接到变更现状的申请时，文化厅厅长在认为对保护登录建筑物有必要时，可以进行必要的指导、建议或是劝告。这条规定的目的是，对于变更该建筑物的现状而明显地损害作为登录建筑物的价值的行为，做到防患于未然，力图维护文化财的价值。

具体的指导、建议、劝告等，我们认为包括以下的内容。

---

① 只限于内部装修，改变房间内部形式的行为，无论其规模、内容如何均属于“维护行为”。另外，对于外部装修，如屋顶重新置换、墙壁重新粉刷等，只要不变更其形状、色彩的行为，无论规模大小，都属于“维护行为”。

② “通常能看得见的外观”指的是四周的垂直投影面积。但是，对于当初建成该建筑物时，两侧与其他建筑物相邻这种有限制的通常看得见的外观范围，只限于该建筑物的外观。对于扩建的情况，当扩建部分的通常看得见的外观范围超过该建筑物扩建之前通常看得见的外观范围的四分之一时，需要提交变更现状申请。

③ “应急措施”指的是，因特大灾难所采取的必要应急措施之外的应急措施，所有者在能够明确预料到登录建筑物正在被损毁或是可能会被损毁时，为了防止该损毁的扩大或是发生，判断出有必要实施应急措施时而采取的行为。

（1）通过列举重要文化财所进行的各种修复方法等事例，促使其能够保持登录建筑物的价值。

（2）根据变更现状的申请，担心有损于作为登录建筑物的价值时，要说明其事实和其原因、理由。

（3）根据变更现状的申请，认为有可能有损于作为登录建筑物的价值，甚至是造成取消登录时，可以要求变更材料、规格等设计内容，列举出类似与此的具体内容，力图维护文化财的价值。

此外，文化厅厅长所履行的这些指导、建议、劝告不具有强制力，变更现状者在法律上没有必须遵守这些的义务。这个是在登录制度中促使所有者自发保护的规定，所以不像指定制度那样，通过强制措施达到保护的目的。因为这是希望所有者在利用的同时能够自发地进行保护，为此有必要只赋予其宽松的制约。

作为登录的主要对象的近代建筑物，与迄今为止作为重要文化财的物件不同，其特点是形式多样并且数量多，另外，大部分还在实际使用中。因此，我们认为为了对这些物件进行保护，促使所有者的自发性保护，使其担当起一部分保护责任，是必不可少的。

23. 由于“消失”以及“毁损”而取消登录，具体是怎样的情况？

对于登录建筑物，当“没有必要对其的保存以及利用采取措施时”（也就是说，登录建筑物消失或是原状有很大毁损时），可以取消登录。

“消失”指的是文化财失去了，例如，由于水灾而被冲毁，因火灾而被烧毁等都属于消失。

“毁损”指的是由于某些原因，登录建筑物在相当的程度上有破损或是损伤的情况，例如，由于地震发生了倾斜，因地基下沉发生了歪斜以及弯曲等都属于毁损。但是，若其破损等范围为轻微时，不需要提交申请。

在知道登录建筑物的全部或是部分消失或是毁损的10天之内，必须向文化厅厅长提交书面申报。规定在书面申请上必须记载以下的事项（《登录有形文化财相关的登录手续以及申请书等的规则》第10条）。

（1）登录建筑物的名称、数量

（2）登录日期、登录编号

（3）登录建筑物的登录证上记载的所在地点（与现地点不同时，需要同时记入现在的地点）

（4）所有者姓名、名称、地址

（5）有管理责任者时，其姓名、地址

（6）有管理团体时，其名称、办公地址

（7）发生消失或是毁损的时间、地点

（8）消失或是毁损的原因以及毁损发生的地方、程度

（9）知道消失或是毁损事实的日期

（10）知道消失或是毁损事实后所采取的措施以及其他可作为参考的事项

24. 在进行修复等时，对于技术性建议应该如何处理？

登录建筑物的管理或是修复原则上是由所有者自己进行，为了保持作为登录建筑物的价值，通常希望采用最妥善的方法。从这个宗旨出发，在所有者对登录建筑物进行管理或是修复时，规定可以向文化厅厅长请求最恰当的技术性指导。

具体的方法是，通过提交记载有以下事项的文书进行申请（《登录有形文化财相关的登录手续以及申请书等的规则》第17条）。

（1）登录建筑物的名称、数量

（2）登录日期、登录编号

（3）登录建筑物的登录证上记载的所在地点（与现地点不同时，需要同时记入现在的地点）

（4）所有者姓名、名称、地址（为法人时，其代表者的姓名）

（5）有管理责任者时，其姓名、地址

（6）有管理团体时，其名称、办公地址

（7）需要技术性指导的理由

（8）其他可作为参考的事项

进行技术性指导的具体方法是，派遣文化厅职员到登录文化财的所在地，从专业的角度进行指导，并向所有者推荐能够进行专业指导的人员（例如，精通建筑学和土木工程学的人员以及有保存修复文化财建筑物经验的人员）等。

此外，在指定制度中也制定了同样的规定。即使是重要文化财以及登录建筑物以外的有形文化财所有者，同样也可以向文化厅厅长请求技术性指导。在这种情况下，一般是附在一定的文件后，提出书面的请求。

25. 被登录的文化财必须公开吗？另外，是多大程度的公开？

对于作为珍贵国民财产的登录建筑物，不仅要求保存，还要求对其的利用，最普通的利用方法就是公开。登录制度的目的是促进所有者的自主保护，因此，对于公开，也是由所有者自主进行。

关于登录建筑物，其外观如果从道路等公共空间通常看得见的话，就认为是进行了恰当的公开。

由所有者自主进行的公开，如果不适当的话，为了使其能够适当的公开，文化厅厅长可以向所有者就登录建筑物的公开进行必要的指导或是建议。

另外，利用登录建筑物等也是应该建议的事项，但是其结果也有可能给保存文化财带来阻碍。例如，很多人涌入登录建筑物，作为公开展示给人们一个参观的机会是应该鼓励的，但是，也担心很多人的涌入会加快地板、墙壁的污损。因此，为了不会影响保存的公开，对于相关的公开登录建筑物的管理，规定文化厅厅长也可以进行必要的指导或是建议。

关于"公开的指导或是建议"指的是，将向研究者、学生或是当地居民提供的调查以及参观机会等的公开方法提供给所有者，以利于促进适当的公开。"公开登录建筑物管理的指导或是建议"指的是，向所有者提供公开的范围、正常的路线、防范的对策等，以便不影响保存，以及当意识到有妨碍所有者公开的行为时，如何及时纠正其行为。

26. 所有者管理登录建筑物时，遇到困难怎么办?

法律赋予登录建筑物所有者有管理登录建筑物的义务，以及登录建筑物消失、毁损时申报的义务。

但是，当所有者因到国外出差等原因而长期不在，或者离开登录建筑物所在地居住等时，则有可能不能完成法律所赋予的义务。在这种情况时，为了做到妥善管理，所有者可以聘任胜任者，将管理责任委任给胜任者（即管理责任者[①]）代替自己对该文化财进行管理。

所有者聘任管理责任者时，规定必须在20日之内将记载有必要事项并与管理责任者共同署名的书面申报，提交给文化厅厅长。解聘以及变更管理责任者时也是同样，必须提交书面申报。

另外，当发生了所有者不明确、以及所有者进行管理时明显有困难或是不妥当的情况时，可由相关地方政府提交所有者进行自主保护困难的申请，由具有公共性质的团体作为管理团体代替所有者对文化财进行妥善保护。

有关管理团体的指定手续，文化厅厅长需要听取相关地方政府的意见，将可以胜任的地方政府以及其他法人指定为保存管理该文化财所需的团体（即管理团体）。在这种情况下，文化厅厅长必须得到该文化财所有者、基于产权的占有者、将要指定团体的同意。另外，在指定之后必须在官方报纸上进行公示，同时还要通知给所有者、占有者以及该管理团体。

---

① 管理责任者为自然人，此外，法人作为所有者的职员负责管理责任时，不属于管理责任者。

27. 在登录制度中，地方政府应该担负什么样的责任？

随着登录制度的实行，地方政府需要执行以下的政务。

（1）当文部大臣需要登录时，提出相关意见的政务。

（2）对于在所管辖地区内的登录建筑物，当不能明确所有者，或是所有者以及管理责任者的管理明显有困难或是不妥当时，向文化厅厅长明确呈报申请以及意见的政务。

（3）被指定为管理团体时，与规定的管理义务相关的政务。

（4）A. 登录建筑物的所有者应向文部大臣或是文化厅厅长提交申请，与经由都道府县教育委员会相关的政务，以及对其的申请呈报意见相关的政务。

B. 文部大臣以及文化厅厅长对于登录建筑物所有者发出的劝告等，与经由都道府县教育委员会相关的政务。

因此，地方政府在登录制度中担负着重要的职责。另外，由于这个制度可以确保对存在于各个地区的历史性建筑物的保护有一个好的开端，所以应该考虑通过利用登录建筑物进行城市规划等。希望地方政府能积极地灵活运用所赋予的权利。

对于力求保护珍贵的文化财方面，所在地的居民抱着爱护故乡文化财的心情，非常珍惜地进行保护是非常重要的。希望今后各个地方政府也要取得当地居民的理解和合作，在各自的地区开展自主、独立的保护文化财的行政工作。

28. 对于国家所有的登录文化财，有什么特例吗？

对于包括国家所有建筑物的国有财产的管理等，适用《国有财产法》等各种财政、会计法令，其中规定了有关其管理所辖权限等。因此，从保护文化财的角度来看，对于制定国有财产管理等的处理规定时，有必要与这些法律的规定进行协调。

因此，在与这次新建立的文化财登录制度相关的各个规定中，对于有关国有的规定不宜直接适用的问题，列举了有关国有的特例，以便于进行调整。

关于文化财登录制度，有关国有的特例如下所示。

（1）登录属于国有的建筑物时，由各省各厅的厅长发出通知以及颁发登录证。

（2）有下列情况时，相关各省各厅的厅长必须通过文部大臣向文化厅厅长发出通知，以取代一般情况下的申报。

A. 获取登录建筑物时。

B. 接受登录建筑物的变更，或是变更所属时。

C. 登录建筑物的全部或是部分消失或是毁损时。

D. 需要变更登录建筑物的现状时。

（3）各省厅之外的国家机关需要变更登录建筑物时，规定直接通知文化厅厅长，以替代一般情况时的申报。

（4）在保护登录建筑物方面认为有必要时，文化厅厅长对变更有关建筑物的现状，可以通过文部大臣直接向相关的各省厅以外的国家机关陈述意见，以替代一般情况时的劝告。

（5）文部大臣为了确认国有登录建筑物的有关情况，在认为有必要时，可以要求相关的各省厅厅长出具调查报告，以替代一般情况时为掌握现状或是管理情况的报告。

（6）关于国有登录建筑物，不适用有关管理团体的规定。

29. 利用登录的文化财使地区的活动丰富多彩，都有哪些方法呢？请告知包括受限制的地方等具体的事例。

因为登录建筑物是珍贵的国民财产，故所期望的不仅是保存，还有利用。另外，登录制度对被登录的文化财采取的是宽松的保护措施，如果其外观没有很大的变化，只是改建内部的话，可以利用于各种用途。这样，应该是能够鼓励所有者以及相关地方政府积极利用登录建筑物。

作为利用的方法，我们考虑到有各式各样的方法，根据地区的实际情况，希望能在创意上多下功夫。

例如，可列举出如下的事例。

（1）在由地方政府等进行的各种宣传活动中，作为地区独有象征的应用。

（2）与指定文化财以及其他的文化设施一起，设定为本地区亲近文化的观光路线及区域，使当地的生活丰富多彩。

（3）改建登录建筑物时，还可以考虑以下的利用。

A. 改建为旅游向导屋、画廊、饮食店等，以方便观光客。

B. 用于特产销售店、生产特产的工坊、展厅等，以起到振兴当地产业的作用。

C. 作为当地居民的公民馆以及终身学习中心使用，以充实当地居民的终身学习以及闲暇活动。

此外，为了进行这样的利用，在改建该建筑物时，如果符合提交申请的义务，必须要在事先向文化厅厅长提交申请（参见第20、21问）。

30. 为了做到保存登录建筑物，在完善城市规划以及周边环境时，应该顾及到什么？

考虑到维护以城市规划为首的周边环境并顾及到那些可能发生的问题，在顺利进行保存和利用登录建筑物方面是有效的。因此，关于保存和利用登录建筑物，促进城市规划调整以及周边环境维护，相关的省厅以及地方政府有必要在今后进行相互紧密的合作。

所要顾及的具体事例为，登录建筑物在建成后经过了相当长的时间，同时因为其是有助于国土景观的物件以及造型的典范，故在决定其周边形成的景观以及新建建筑物的造型时，可以考虑参考登录建筑物的造型等。

对于维护文化财建筑物周边环境的制度，还有传统建筑物群保存地区制度。此制度是为了保护传统建筑物群（与周围的环境成为一体，形成了历史景致的传统建筑物群，以及具有很高价值的建筑物）以及与其成为一体形成其价值的环境的制度。该制度首先由市镇村专门划出了传统建筑物群保存地区，再由文部大臣将其中对日本来说具有特别高价值的地区选定为重要传统建筑物群保存地区，以便于进行保存和利用。根据此制度，截止到平成八年（1996 年），在全国有 42 个地区被选定为重要传统建筑物群保存地区。

另外，在指定制度中也规定了，将民居的地皮以及庭院、与建筑物成为一体形成其价值的土地以及其他物件与建筑物一起进行指定，力求可以对其进行保护。

31. **对于本地区登录建筑物的保存，应该怎样进行大规模宣传才好呢？请举出具体的事例**。

为了保存登录建筑物，所期望的是该建筑物所在地区的政府、居民团结一致，对本地区文化财的保存进行大规模宣传。为此，可以考虑以下列举出的方法。

（1）宣传登录建筑物

对于包括登录建筑物在内的本地区的文化财，努力通过该地方政府的宣传刊物以及文化财地图进行介绍，促进当地民众对这些文化财价值的认识。

（2）使居民积极参与文化财的调查

在调查本地区的文化财时，通过开展有本地区民众参加的调查活动，唤起民众对文化财的关心。

（3）利用文化财

通过将文化财利用于各种用途（参见第 29 问），使本地民众对文化财从漠不关心到能够亲近，创造出这样的环境，以加深民众对文化财的理解。

（4）奖励民间活动

在奖励有关文化财的志愿者活动的同时，鼓励当地民众组成“文化财的联合团体”等对文化财的保存和利用进行支持、合作的民间团体。

在被登录的建筑物中，有很多是在其地方具有特别的爱称且广为人知的物件。在保存这些建筑物时，具有保护当地文化财责任的地方政府肩负着重要的职责。因此，各地方政府在得到当地民众的理解和合作之后，希望其在各个地区开展自主、独立的保护文化财的政务活动。

Q32 在这次修订法律时，将有关文化财保护的权限委任给了指定城市、中心城市，另外，似乎也明确了市镇村的职责，但是有什么具体的变化？

近年来，为了充实地方政府保护文化财的行政体制，应对社会上关于推进地方分权的请求，在这次修订法律时，对于文化厅厅长的权限委任等，除了之前的都道府县教育委员会之外，还规定向新的指定城市以及中心城市也进行委任。此外，关于向指定城市委任的权限，在《根据有关振兴艺术文化的行政监察结果的劝告》（平成七年(1995 年)）中也有摘要。

能够向指定城市以及中心城市的教育委员会委任的权限为以下的事项。

（1）在法第 99 条第一款的各项中规定的权限

A. 对国家支付补助金的重要文化财等的管理、修复等的指挥、监督

B. 对重要文化财等变更现状的批准、取消批准、禁止变更现状的命令

C. 向由所有者等进行的公开展示重要文化财的活动发出停止、禁止的命令

D. 向由所有者之外者进行的公开展示重要文化财的活动下达批准、取消批准、停止公开展示的命令

E. 实施为保存重要文化财而开展的调查、遗址调查等

F. 发出停止调查发掘的命令

（2）审议作为埋藏文化财而提交的物件等

关于这些委托政务的具体内容，另外公布在官方报纸上。在这些政务中，对于委任的变更重要文化财等现状的批准、取消批准的权限，需要事先咨询文化财保护审议会。

另外，根据《文化财保护法》，因为有些政务要求具有全国性视野和高度的专业能力，所以，对于以下的政务，在这次的修订中，没有委托给指定城市和中心城市。

（1）史迹的临时指定、解除临时指定

（2）国宝、特别史迹等的修复、复旧，以及防止消失、毁损、偷盗等的措施

（3）重要文化财等的管理、技术性指导

然后是关于明确市镇村的职责问题，根据近年来市镇村在保护文化财方面所担负的职责，以及对其职责的莫大期待，此次法律修改对以下的几点规定进行了完善。此外，关于这些方面，在地方分权推进委员会的中期报告（平成八年（1996 年）3 月）中也有摘要。

（1）向国家呈报意见

若要进一步完善文化财的保护工作，重要的是可以将最贴近文化财的市镇村的意向适当地反映在国家政策上。因此，与都道府县教育委员会同样，在法律依据方面明

确了市镇村的教育委员会也可以向国家呈报意见。今后通过积极地利用这条法律，希望能加深地方和国家的联系，更好地开展保护文化财的工作。

（2）地方文化财保护审议会

在法律上明确规定，与都道府县教育委员会同样，市镇村教育委员会也可以根据条例设置文化财保护审议会。此外，关于文化财保护审议会的名称、所掌管的事务根据条例的规定执行。

33. 对于重要文化财的利用，具体应该怎样推进合适呢?

近年来，由于国民对于文化财的关心日益高涨，在妥善保存文化财的同时，有必要扩大广大国民亲近文化财的机会。为此，在这次修订法律时，从进一步促进重要文化财等的公开、利用的角度来看，力求做到手续简便以及提高办事效率。

（1）由所有者开展的重要文化财的公开活动，由国库负担经费

从前，对于所有者请求国家负担重要文化财的公开展示，首先需要向文化厅厅长提交写有这个内容的书面申请，在得到批准后，再根据《关于妥善执行与补助金有关的预算等法律》申请补助，从申请到补助批准，需要两道手续。在这次修订法律时，取消了文化厅厅长的批准手续，通过精简手续，更进一步地促进了重要文化财的公开展示。关于这种情况，在《推进宽松制约的计划》（平成八年（1996 年）3 月内阁会议制定）中也有对此的规定。

另外，对办理重要无形文化财、重要有形文化财的公开，以及重要无形民俗文化财、重要有形民俗文化财和选定技术的公开的手续也简单化了。

（2）重要文化财所有者之外者进行的公开展示

为了促进在文化财公开设施中公开展示文化财的活动，在这次修订法律时，对于重要文化财的公开，除了文化厅以外的国家机关以及地方政府之外，经过文化厅厅长批准的博物馆等公开批准设施的所有者，在该公开批准设施中举办展览会等时，也可以在事后提交申报，不需要之前的批准。

另外，对于重要有形民俗文化财的公开展示，当由文化厅之外的国家机关或是地方政府，以及免除公开事先申请设施的所有者主办时，也不需要事先申请，只需事后提交申报即可。有关这些事项的规定在《推进宽松制约计划》中也有提及。

（3）通过重要文化财进行的国际间交流

出口重要文化财在原则上是禁止的，必须在得到文化厅厅长批准后方可出口。在文化厅厅长批准前，必须咨询文化财保护审议会。但是在这次修订法律时，取消了向文化财保护审议会咨询的规定，通过精简出口重要文化财的手续，力求快速办理批准手续。这是因为，近年以来收集到了各个国家博物馆的信息，同时向国外运输的方法

也比较先进。以上事项在《根据有关振兴艺术文化的行政监察结果的劝告》（平成七年（1995 年））中也有提及。

希望各地方政府以及博物馆的相关人士，根据上述修改制度的主要旨意，进一步促进重要文化财等的公开展示。

参考文献

［1］中村賢二郎．わかりやすい文化財保護制度の解説［M］．ぎょうせい，2007.

［2］文化庁文化財保護法研究会編著．文化財保護法改正のポイントQ&A［M］．ぎょうせい，1997.

［3］文化庁編著．建物を活かし、文化を生かす——登録有形文化財建造物のご案内［M］．2011.

［4］文化庁編著．建物を活かし、文化を生かす——文化財登録制度のご案内［M］．1996.

［5］文化庁文化財部美術学芸課編著．こんな時どうしたらいいの？国宝・重要文化財（美術工芸品）の所有者のための手引き［M］．2011.

［6］地村邦夫．登録文化財の現状と今後の展開［J］．大阪府教育委員会文化財保護課文化財企画グループ．http：//www. culture - h. jp/tohroku - osaka/Bun19 - TohrokubunnkazaiGenjyouTenkai. pdf（网上公开）．

［7］西和彦．登録文化財の登録手続き［J］．月刊文化財（422），1998，11：48 -50.

［8］村上訒一．登録制度の内容と今後の進め方［J］．月刊文化財（397），1996，10：17 -24.

［9］文化庁美術学芸課美術館歴史博物館室．登録美術品制度について［J］．月刊文化財（476），2003，5：55 -59.

［10］伊東孝．登録文化財を通して土木界・土木遺産を考える［J］．月刊文化財（422），1998，11：9 -11.

［11］鈴木地平，本中眞．重要文化的景観の選定および登録記念物（名勝地関係）の登録について［J］．月刊文化財（509），2006，2：31 -33.

编后记

在文化遗产保护的立法领域，日本走在了全世界的前面。日本的《文化财保护法》立法较早，在实施的过程中，又不断地结合社会的发展状况进行修订，时至今日已经形成了相当成熟的体系。

在本书中，“文化财”一词保留了日文的构词原形，其含义并不等同于中文里的“文物”。在法律层面，“文化财”与“文物”也是两个完全不同的概念，它们所涵盖的范围不同，对于定义对象的保护方式也不同。在日本《文化财保护法》中，“文化财”涵盖了有形文化财、无形文化财、民俗文化财、纪念物、文化景观和建筑物群等，这部法律的编写也以文化财的分类为线索，针对不同类别的文化财制订了有针对性的条款。

本书对于日本文化财的调查、指定、登录、保存、预算以及相关组织等的制约条款也做了较详细的介绍。通过对日本《文化财保护法》相关文本的译介，编者亦希望国内同行可以汲取彼国法律中值得借鉴之处，以求对我国文化遗产保护法律法规的进步提供帮助。

文化遗产保护是社会发展的必然选择，虽然在自然法则的作用下，任何物质性存在最终都无法逃脱消亡的命运，但作为文物保护工作者，我们都希望祖先的文化遗产可以保存得更为长久，久到可以让我们的后代亲眼看到祖先的伟大创举。从这个角度出发，文化遗产保护事业当以长远的眼光制定科学、完善、切实可行的法规政策，使文化遗产保护的重要性深入人心，如此，文化遗产保护事业才能健康发展。

本书的编译出版受国家文物局可移动文物普查办委托，以国家文物局“第一次全国可移动文物普查2014年宣传工作”项目为依托，自2014年5月开始收集整理资料，着手编译，于2016年5月完成校订。这次编译工作得到了国家文物局刘曙光副局长、中国文化遗产研究院詹长法副院长的支持，亦受惠于日本京都大学杜之岩博士、中国科学院地质与地球物理研究所陈卫昌博士、中国文化遗产研究院何流副研究员的无私帮助与热忱指导，译者在此表示衷心的感谢！

同时特别感谢中国文化遗产研究院的许东、王方在最后的编辑整理工作中对书稿的校订和修改！

另外，对在编写过程中付出辛勤努力的同仁们，译者在此深表谢意！

李黎　杜晓帆

2016年5月 于北京